マーケティング・マネジメント論

－ＩＣＴと流通－

大驛 潤 著

Marketing
Management

学文社

まえがき

　今日，情報通信技術（ICT：Information and Communication Technology）の重要度は，流通にとって，益々その比重を増してきている．
　本来，流通は，労働集約性が高く，各流通段階で人手を介して，多くの作業が行われてきた．しかしながら，人件費高騰の中，低コストを実現するICTを有益に活用することが，流通を効率化していく上で，あるいは顧客価値を創り出す上で，看過してはならない経営課題となってきた．
　人々のニーズが多様化し，需要が移ろいやすい中，そこにおいては，顧客が何を求めているかを俊敏に把握するための，適確な情報とその分析能力，つまり「マーケティング（Marketing）」が肝要となっている．企画・開発・生産・販売の流れを切れ目なくつなぐ供給連鎖（Supply Chain）は，単に情報をつなげば十分というものではない．顧客情報を基に，流通の「チャネル構成者の組換え」をフレキシブルかつ迅速に実行できる仕組みが不可欠となってくる．インターネットを嚆矢としたICTの革新と普及は，こうした取り組みを後押ししているとされる．
　ICTを活用することで，たとえばメーカーと小売業という特定業者によるチャネル構成のみならず，顧客やNPO（Non Profit Organization）もそこに参加し，企画・開発にかかわることが可能となっている．そこでは，マーケティングの起点が既存製品の生産性を追求するメーカー起点から顧客価値を追求する顧客起点へと移行している．
　要言するに，インターネットのようなオープンで汎用性の高い情報ネットワーク形成の結果，流通における情報の活用が多様化し，顧客ニーズを取り込んだ企画・製品開発など，さまざまな形態で各主体が協力していく可能性が広

がったといえる．それは企業が，インターネットによって個別の顧客や NPO とより深い信頼関係，つまりさまざまなかたちで協力を築くことを意味しており，マス・マーケティング的な手法から，顧客を個として捉える手法，そしてより深く掘っていくマーケティング手法（顧客や NPO との共創）への転換を示唆しているのではないだろうか．

本書は，このような問題意識に立脚して，昨今，起こっている流通の変容について理論的に分析し，それが企業の ICT 活用の実践，あるいは顧客の消費行動にむけて持ち得る含意と可能性を検討する．とりわけ，これまでに為された代表的なマーケティング研究として，「取引費用パラダイム」と「関係性パラダイム」を取り上げ，それぞれの系譜と現状を概観していく．かかる理論的検討と同時に，近年の競争に顕現している「ネットワーク外部性」への高まりにも瞠目し，そうした議論動向が現代の流通チャネルと ICT の関係を論じていく上で，いかなる可能性を内包するものであるか考察する．つまり，ネットワーク外部性を一つの導き糸に現在のチャネル間の競争状況を眺めることによって，将来に向けていかなる展望が開かれるかを明らかにしていくものである．チャネル内の「協力」とチャネル間の「競争」の両方に目を向けることを通して今後の展望への契機とすることが，本書の目標にほかならない．

理論研究という接近方法を用いるため，ここでの具体的な作業は，概念的・抽象的なものとならざるを得ない側面がある．しかし，かような理論や概念に対する議論それ自身が目的なのではない．そのような作業を通して得られる理論的フレームワークを盾とし，現実と架橋していく知的営為こそ，実践と具現を内包したマーケティング研究を構築していく上で，何より枢要なことは改めて述べるまでもないであろう．

そこにおいては，理論のための理論を展開することが最終目標なのではない．ICT 革新の中，「戦略的提携」等，従来見られなかった局面を迎えつつある流通チャネルの展開に直面し，その現実と手を携えていく知の実践の土台作りと

して，本書での理論は位置づけられるべきものである．

　その意味で，常にマーケティング論では，新しい現象の理論化が試みられており，研究領域も広がっている．流通という対象分野では，現在まさにマーケティング論とその隣接諸分野が，ICT の革新に伴うダイナミズムを包摂しており，企業や顧客の消費行動と密接に携わる事象はさまざまな転換を経験しつつある．今後も，ICT 革新と流通に関するマーケティング研究は，さらなる発展と理論化が早急に進められるであろう．

　なお，本書は『競争と協力：情報通信技術・流通・NPO』(2004 年) を，出版から 8 年たった現在，その後の激しい ICT 分野の奔流を汲み取って，特に第 2 章を中心に書き改め，刊行するものである．

　最後に，編集作業の過程で原稿の細かな点にまで目を配っていただいた学文社の田中千津子氏に，心から感謝の意を表明したい．本当に有難うございました．また，諸先生・先輩・同僚から多くの啓発や激励を頂いた，この場をかりて御礼申し上げる．

　　2012 年

　　　　　　　　　　　　　　　　　　　　　　　　　大　驛　　潤

目　次

まえがき

第1章　序　論――マーケティング論の再検討―――――――――― 9
　第1節　はじめに ……………………………………………………… 9
　第2節　本書の分析枠組みと目的 …………………………………… 10
　第3節　本書の構成 …………………………………………………… 13

第2章　ICTの革新と普及――――――――――――――――――― 17
　第1節　はじめに ……………………………………………………… 17
　第2節　ICTの普及と現状 …………………………………………… 17
　第3節　わが国の産業構造と情報化 ………………………………… 19
　第4節　電子商取引の普及状況 ……………………………………… 23
　第5節　電子商取引が流通チャネルに与える影響 ………………… 28
　　　1　流通革命論　28
　　　2　現代の流通革命論　29
　　　3　B to Bの現実　30
　第6節　小　括 ………………………………………………………… 33

第3章　取引費用パラダイムの構造――――――――――――――― 41
　第1節　はじめに ……………………………………………………… 42
　第2節　Coaseの所説 ………………………………………………… 43
　　　1　企業の境界　43
　　　2　取引費用の内容　46
　第3節　Williamsonの所説 …………………………………………… 50

1　垂直的統合と取引費用　50
　　2　取引参加者数と取引費用曲線　52
　　3　関係資産特殊性と取引費用曲線　56
　第4節　マーケティング論における取引費用パラダイム……………………61

第4章　関係性パラダイムの構造 ─────────────────── 69

　第1章　チャネル論の先行研究…………………………………………………70
　　1　パワー・コンフリクト論　70
　　2　チャネル交渉論　71
　第2節　戦略的提携と関係性パラダイム………………………………………73
　　1　戦略的提携の背景　73
　　2　関係性パラダイムの概要　79
　第3節　信頼概念………………………………………………………………81
　　1　信頼概念の先行研究　81
　　2　Arrow の信頼概念　82
　　3　Kreps の信頼概念　84
　　4　機会主義的行動と信頼　88
　第4節　マーケティング論における関係性パラダイム………………………89

第5章　複数チャネル間の競争構造──ネットワーク外部性 ─────── 95

　第1節　はじめに………………………………………………………………95
　第2節　ネットワーク外部性…………………………………………………96
　　1　はじめに　96
　　2　Rohlfs 理論と複数均衡　98
　　3　Leibenstein 理論とバンドワゴン効果　102
　　4　Kats and Shapiro 理論とネットワーク構造　104
　　5　ネットワーク外部性モデル　108
　第3節　複数チャネル間の競争構造…………………………………………111
　　1　同質のチャネル間競争　111
　　2　異質のチャネル間競争　115
　第4節　小　括…………………………………………………………………118

第6章　供給連鎖から顧客共創連鎖へ ────────────────123

　第1節　はじめに………………………………………………………………123

第2節　システムの構造と転換 …………………………………… 123
　第3節　チャネル構成者の組換え ………………………………… 128
　　　1　供給連鎖の定義　128
　　　2　QRとECRの仕組み　129
　第4節　顧客共創連鎖の構造 ……………………………………… 133
　　　1　供給連鎖の転換　133
　　　2　顧客理解のマーケティング　134
　　　3　顧客共創連鎖の進展　137
　第5節　まとめ …………………………………………………… 139

第7章　結論と今後の課題 ─────────────────143
　第1節　結　論 …………………………………………………… 143
　第2節　今後の課題 ……………………………………………… 147
　　　1　マーケティング論の方途　147
　　　2　今後の課題　148

　あとがき　151
　参考文献　153
　索　引　163

第1章 序　論
―― マーケティング論の再検討 ――

第1節　はじめに

　変化の相貌がかなりの程度，鮮明になってきた現在からみれば，1990年代半ば以降，日本型流通の特徴とされてきた垂直的統合[1]の変化には著しいものがある．そうした変化の動態の1つは，市場の成熟化や顧客ニーズの多様化と並んで，インターネットを濫觴としたICT (Information and Communication Technology) の普及と無関係ではないであろう[2]．直接あるいは間接的に情報処理と関わっている流通現象は，ICT革新によって，その構造や機構に根幹的な影響・インパクトが及びつつある．

　とりわけ，ICTによって，流通チャネル内のパワーが分散され，多様化されたことに伴って，メーカー主導のチャネル管理が困難となりつつあり，新たな「戦略的提携(strategic alliance)」の企業間連結が展開している．そして，チャネル内のみならずチャネル間での競争が激化し，流通チャネル構成者の参入と退出が継続的に行われている．

　このような流通現象の変化に従い，学問領域においても，ICT革新と流通チャネルとの関係を理論的省察に据えるマーケティング論が抬頭しつつある．

マーケティング論としての精緻化という理論的討究が，逆に経験という現実と乖離しつつある現代の学問的状況下，現実の経験を「体系化された論理」へと整序し直し，その研鑽に努めることが希求されるのは，いわば不可避の知的営為である．そのような観点から，マーケティング論が現実のICT革新との関わりからチャネル分析を試みようとすることは，マーケティングや流通に関心をもつものにとって意味深いものといえよう．

ICTと流通チャネルとの関係を学問的課題に据えるマーケティング論が，現在あらためて力を増しつつあるということは，インターネットを嚆矢とした技術の著しい革新を礎にして，新たな位相に入ったかにみえる2000年代が，まさしくマーケティング論の理論的枠組みそれ自体の刷新を切迫していることの表出だとみてよいであろう．本書では，これらの問題をマーケティング論におけるチャネル研究として取り扱う．

以下，本書全体を鳥瞰するために，「本書の分析枠組みと目的」，「本書の構成」について具体的に言及することとする．

第2節　本書の分析枠組みと目的

マーケティング論におけるチャネル研究の動向をリードする論客として，われわれは1991年度ノーベル経済学賞受賞者であるCoaseを，継承し発展させたWilliamsonの「取引費用パラダイム(Transactional Cost Paradigm)」とKrepsらの「関係性パラダイム(Relationship Paradigm)」[3]を本書の分析枠組みの中心に据え，両者の理論的補完の見解を示す[4]．

そして最近のチャネル研究の進展のうち，ICT革新のもとでのチャネル間競争にも瞠目し，「ネットワーク外部性(network externality)」の概念もこの分析枠組みに交え，理論的検討を加える．

また，その目的は，「マーケティング論」の新領域の発展に対応した企業活動に対する理論的枠組みの探索だけではない．たとえば，第6章で明らかにするように，ICT革新は，チャネル間の競争形態に影響を及ぼすだけでなく，チャネル構成者の組換え，具体的には企業のみならず，NPO (Non Profit Organization) や顧客にも活躍の場を広げつつある[5]．市場でのチャネル間競争の展開が，「非営利」を必要とする競争を導いている領域が拡大している[6]．そのため，チャネル分析にあたって，「チャネル構成者」としてのNPOや顧客の検討をも射程に入れた考察が喫緊の課題であると考える．

なお，「取引費用パラダイム」と「関係性パラダイム」の有効性を，ICTと流通チャネルのかかわりを考察するに際し，われわれが認識するに至った理由は次の諸点である．まず第1に，「取引費用パラダイム」は企業を単なる質点ではなく階層構造を有する組織体として把握し，このような組織の発生理由ならびに組織形態の変化について取引費用の観点から，正確には取引費用節減の視点から説明するのであるが，これは，ICTの流通チャネルへの影響を主題とするわれわれの問題意識と軌を一にする．

そして，なによりも第2に，ICTの革新が実体面において情報の収集・伝送・加工コストの低下という取引費用節減効果を有する事実を考慮するならば，流通チャネルへのマーケティング論的接近の方法としては現時点においてこの取引費用パラダイムの視座から分析することが適切なものの1つであると判断されるからにほかならない[7]．

また，「関係性パラダイム」は，取引費用パラダイムや従来のチャネル論とは異なり，企業間の長期継続的関係を機会主義的行動やパワー・コンフリクトではなく，信頼関係に支えられた取引関係にみる．このような視座は，「戦略的提携」の企業間連結を考察するうえで，われわれに有用な術を提供してくれる．その意味で，取引費用パラダイムの理論的補完を行い，両者の統合的理解の見解を示すうえで，有益なアプローチと解される．これに関わり本書では，

信頼概念の分析に際し，ゲーム理論からも接近している．現実にみられる市場構造は，ほとんどが寡占市場であり，それは完全競争や独占とは異なり，常に競争相手と相互関係にあるため，現実に現れる競争形態は極めて複雑になっている．これらの相互的な関係を解く際にゲーム理論が威力を発揮する．このゲーム理論の応用が信頼概念の分析にもたらしたものは，単なる手法上の革新だけではない．極端にいえば，市場の競争圧力が資源の効率的な配分をもたらすように作用するかどうかという二者択一的な構成からの脱却も意味している．

以上，本書は，ICT 革新と流通チャネルの理論的考察を行うものであるが，この理論的考察を行うにあたっての目的は，以下にある．

まず第 1 に，現在，流通チャネルはさまざまな形態で，さまざまな技術的基盤やプラットフォームをベースとして形成されているが，それらを取引費用あるいは関係性という視点のもとに，どのように整理し理解したらよいのかということに対する 1 つの方向性を指し示すことである．

第 2 に，「取引費用パラダイム」と「関係性パラダイム」の代表的論者を通じてその歴史を手短に振り返るとともに，その理論だけでは捉えられない 1970 年代から現在に至る競争環境の変化の動向を踏まえて，「ネットワーク外部性」についても理論的検討を行うことである．

第 3 に，ICT 革新の中で，現在，先進企業が具体的にどのような流通チャネルを形成し，どのような戦略をベースとして行動しているのか，「チャネル構成者」としての NPO や顧客との連携への取り組みはどのようになされているのかといったことを，明らかにすることである．そして，組織間のチャネル形成に取り組んでいく際のマーケティングの課題は何かということを吟味・検討してみることである．

第3節　本書の構成

　本書は7章立てとなっている．その概要を簡単にまとめておきたい．
　まず本章では，これまでみてきたように，序論として，本書全体の論理の雛型を提示するとともに，以下で本書の構成を概観する．
　次に，第2章では，分析の対象に影響を及ぼす情報化の具体的内実，ICTの特性等を検討の対象とする．現在の情報化は，ICTの普及が進むにつれ，過去に例をみないほどのダイナミズムを包摂しており，インターネットに代表されるコンピュータ・ネットワーク環境の整備によってあまねくその進展をみせている．そのため，第3章以下の予備作業として，情報化現象を前提とし，その情報化の現状とわが国の産業構造の関係を通して，実体面におけるICT革新の理解を得ることに努める．
　そして，第3章では，ICTと流通チャネルの関係についての本書の立場の1つすなわち「取引費用パラダイム」に基づく基本的な立脚点として，われわれが依拠するその取引費用パラダイムとはいかなるものであるかを，Coase, Williamsonの立論に即して明らかにする．主として，彼らがメーカーと部品メーカー間を研究対象としているのに対し，本書では，彼らの見解を援用し，メーカーと流通業者間を対象に検討する．ここでの目的は，「取引費用」という概念および，その理論体系の理解にある．
　続く第4章では，Krepsらの「関係性パラダイム」について検討する．この「関係性パラダイム」の関心は，取引関係をいかに友好的に形成・維持・発展させていくかにある．その意味で，第3章の取引費用パラダイムや従来のチャネル論が機会主義的行動やパワー，コンフリクトに焦点が当たっていたのに対し，それのみならず組織間の信頼関係をも研究対象とし，ICT革新の中での「戦略的提携」に対する説明原理を提供している．前章の「取引費用パラダイ

ム」は垂直的統合（Vertical Integration）に対する理論的根拠を有していたが，この「関係性パラダイム」は戦略的提携に理論的根拠を付与することで，取引費用パラダイムを補完する視座を内包していると捉えられよう．しかしながら，この第4章の目的は，網羅的なサーベイに終始するものではない．彼らが描き出した理論体系が，ICT革新によって，どのような形で現れるかという問題にも迫ることが，第4章の関心であり，彼らの重要な著作の展望は，この関心に沿って配置可能となる．つまり，Krepsらの仕事の考察を通じて打たれた布石は，ICT革新との関連から再照射することができ，流通チャネルにおける信頼概念をめぐる彼らの分析は，一方において，情報化を明確に捉えることを，同時に可能ならしめる．そこではICT革新により，産業の経済性が，「規模の経済性」から「範囲の経済性」へさらには，「ネットワークの経済性」へと変わりつつあることが読みとれる．

また第5章では，ICTと流通チャネルの分析に関連して「ネットワーク外部性」に関する接近方法が蓄積してきた理論の中でそれらを検討する．そこにおいては「取引費用パラダイム」と「関係性パラダイム」の補完的視座の延長線上に，ネットワーク外部性の概念を取り上げ，それが流通チャネルの実証的分析に向けてもちうる含意と可能性を見積もる．とりわけ流通チャネルの分析について，理論的に基礎づけることを射程に入れて考察する．

第6章では，流通チャネルにおいて，顧客やNPOがもつ競争上の意義について本研究に則して，若干の見解を述べる．そこで留意すべきは，これまでのICTと流通チャネルの考察から導かれた「流通チャネルの再編成」，つまり，「システム転換」と「チャネル構成者の組み換え」の問題である．

最後の第7章においては，本書の結論を示すとともに，ICTの革新の中，今後の研究における課題を論ずる．

注 ─────

1) メーカーから卸売業、小売業までの流通チャネルが、少数の企業によって統合されてしまうことを「垂直的統合」という。1950年代以降、出現した系列について述べるならば、「競争」と「協力」に区分される企業間関係のうち、ここで問題となるのは言うまでもなく後者、すなわち異種産業間での企業間協力のあり方についてである。従来、原材料―部品―組立―販売といった生産・流通をめぐる企業連結の垂直的系列に関しては、「企業系列」の名称が、また直接に投入・産出上の関連を有しない株式相互持合の諸企業間協力関係には「企業集団」の名称が付与されてきた。

2) 1990年代末から、ITという用語が一般化しているが、さらに最近では、ネットワーク・コミュニケーション機能の驚異的な高性能化と浸透を重視してICTという概念が使用されている。

3) これは「関係性マーケティング」あるいは「インターラクティブ・マーケティング」ともいわれている。(金顕哲[1994]「流通管理論における関係性志向パラダイムに関する研究：関係の形成過程を中心に」『慶應経営論集』第11巻第3号、嶋口充輝[1996]「関係性構築とその条件：インターラクティブ・マーケティングの基礎づくり」矢作恒雄・嶋口充輝ほか編『インターラクティブ・マネージメント：関係性重視の経営』ダイヤモンド社.)

4) 研究とは本来、(1)研究の分析枠組み、(2)研究の方法論、(3)研究対象領域、の3要素をもっている。つまり、どのような分析枠組みで、どのような方法論を使って、どのような領域を研究するかを明示することが研究にとって重要となる。この3つがすべてオリジナルであることは難しい。本書では、3つのうち(1)の研究の分析枠組みに関して理論的補完性の見解を示した。

5) 現代の社会認識の座標軸で瞠目されているのは、「関係性」の重層化、構造化である。そのような中、今日、さまざまなレヴェルにおける変容と再構築が遂行され、それが経済問題として、浮揚してきている状況とNPOの抬頭が連動している面がみられる。1990年代の「失われた10年」で、戦後の経済成長の柱となってきた国民生活の土台が一様に制度疲労を起こす一方、90年代後半以降、NPOが抬頭し、制度疲労を克服する視座として、その諸活動が各方面から瞠目されている。「関係性」の構造化とNPOの関係については、坂本義和[1997]『相対化の時代』岩波新書、を参照されたい。

6) コンピュータOS競争における「リナックス」の動向を踏まえ、現在、情報通信産業をはじめとして、ネット上のボランティアやNPOに製品や技術をオープンに無償提供し、そのボランタリーな問題発見能力と技術知識を活用する製品開発戦略へ転換が行われている。リナックスが商用OSを凌ぐ品質を持ち得たことは、オープンソースを前提に自己組織化されたボランティアのソフト開発の優位性を示している。つま

り，製品開発が営利企業に「私有」されると，競合を避けるため過少インセンティヴが生じるのでオープンソースが合理的となるということである．「非営利」という非経済的価値は，競合による経済的損失を排除することで，製品開発の合理性を促す．これはマーケティング論にとって興味深い動向である．

7）その意味で，企業組織の成立根拠が取引費用の節減にあるという説明はある意味では自明ともみえるが，それだけに堅固である．取引費用パラダイムをメーカーと流通業者間にあてはめた場合，取引費用の節減によって流通チャネルの成立を説明することは，「関係資産特殊性投資」がひとたび選択されれば，チャネルが自動的に決定されることを意味する．市場によって資源配分が行われるだけでなく，流通チャネルも取引費用が節減されるように自動的に選択されるということである．なお，マーケティング論における取引費用パラダイムの位置づけに関しては，第3章第4節で論及するが，垂直的マーケティング・システム研究や政治経済アプローチ等が取引費用概念を援用したことに端を発して，取引費用パラダイムはマーケティング論において盛んに研究されるようになったことは踏まえておきたい．

第2章　ICTの革新と普及

第1節　はじめに

　本章では，分析の対象に影響を及ぼす情報化の具体的内実，ICTの特性等を検討の対象とする．現在の情報化は，ICTの普及が進むにつれ，過去に例を見ないほどのダイナミズムを包摂しており，インターネットに代表されるようなコンピュータ・ネットワーク環境の整備によってあまねくその進展を見せている．そのため，第3章以下の予備作業として，情報化現象を前提とし，情報化の現状とわが国の産業構造の関係を通して，実体面における情報化の理解を得ることに努める．

　ICTと流通チャネルの関係についての本書の立場，すなわち「取引費用パラダイム」と「関係性パラダイム」に基づく基本的な立脚点は，以上の検討過程の後，次章以降明らかにしていく．

第2節　ICTの普及と現状

　昨今，わが国では，広範な学問領域において情報化現象の解明・分析が行わ

れ，情報の重要性とその影響が再認識される状況にある．他方で実体面から見れば，インターネットを濫觴としたICTが飛躍的に発達するという，技術の革新が急速に進行している[1]．

　ICTの発達が，経済活動あるいは消費のあり方を変え，人々の社会生活にまでインパクトを与えることを，われわれは歴史の中で何度も見ている．これら技術の発達に伴う「情報化」はおおむね3段階に区分可能であろう[2]．まず，1960年代から1970年代の第1次情報化が，企業業務に関わるデータの情報処理をかなめとするコンピュータ活用の情報化であったのに対し，1980年代の第2次情報化は，情報処理技術と通信技術が融合して進展した情報化であった．

　そして1900年半ば以降，わが国ではインターネットとその関連技術を嚆矢とする第3次情報化の展開が際立っている．より高度な情報処理[3]と情報通信との技術的融合によって実現された各種の情報ネットワークが様々な種類の影響を付与し，従来の在り方を大きく変えつつある．したがって，第3次情報化の進展とは，情報の処理だけでなく通信（コミュニケーション）にも軸足を置いたネットワーク化の進展の重要性が顕揚していると考えられる．

　また現在，「ソーシャル革命」ともいうべきこの情報ネットワーク活用の高付加価値サービスたるmixi，GREE，Mobage（モバゲータウンより改称），海外のFacebook，Google＋，MySpace，サイワードのSNS (Social Network Service)[4]，あるいは次世代携帯端末「スマートフォン」（以下スマホ），大容量データを安全かつ効率的に管理する画期的なツール「クラウド」[5]などが，わが国情報社会の基盤として枢要な役割を担いはじめている．従来，パソコン上でしかインターネットにつなげなかった環境が，2007年以降，どこでも接続可能なモバイル型端末の選択肢が増えたことで情報ネットワーク化がハード・ソフト両面で，より進展しているといえる．

　また，You Tube，ニコニコ動画に代表される消費者生成型メディアたるCGM (Consumer Generated Media) とそこで生成されるコンテンツUGC (User

Generated Content），あるいはナレッジコミュニティ（Yahoo! 知恵袋，Wikipedia，OKWave），口コミサイト（食べログ，価格.com），加えて web サイトをコミュニケーションツールとする Skype やアメーバピグ，などの動向も看過してはならない．

近時，わが国は今世紀における適切な制度・システムづくりを審議・検討し，その具現化が急務となっているが，ICT 革新は，とりわけ，企業，NPO，顧客など，極めて広範囲に普及し，大きな影響を付与するであろうことは容易に予測し得よう[6]．

ここでは上記の認識を踏まえ，顧客の変化に対応する企業，あるいはマクロ的な産業領域での ICT の展開に伴う種々の事柄の整理に努めることとしたい．

第3節　わが国の産業構造と情報化

企業，あるいは顧客の消費行動の大きな変化の中で，とりわけ，ICT の進展が多くの関心を引き起こしている．

Porter［2001］は，その論文の文頭で，「ICT の核であるインターネットがすべてを変え，企業や競争に関する古くさいルールはすべて時代遅れになると思い込んでいる人が多い」とした．また Aaker は，2001 年東京講演で，以下のように指摘している．「ICT は，すべての業務分野で使われているシンボルを操作する重要で汎用的な力を有し，それは，顧客の意識・構造に多大な影響・インパクトを与えている．それ故に，特に ICT のなかでもインターネットは，今後のマーケティング研究の中心に据えられるべき研究課題となる．そして，インターネットの普及は，単にコミュニケーションの問題を越えて，企業と顧客の間に質的に決定的な差異を引き起こしている．インターネットのこのような能力こそ，顧客の消費行動を理解する上で，あるいはその変化に対応

する企業にとって，マーケティングを根本的に変える潜在能力の源泉となるであろう」．

ICTの中心となるインターネットが，顧客の消費行動やそれに対応する企業に与える影響・インパクトについて，よりAakerの方が建設的である[7]．では，このICTの急速な進展が，今後どのようなベクトルに向かうのか，それらを検討するためにここではまず，現在の変化の潮流を大きく捉えるために，マクロの視点からわが国の産業構造と就業構造の推移についてみてみることにしたい．

図表2-1は，産業構造の変化を各産業の国内生産額(2000年価格の実質ベース)の推移で示したものである．これによると，「鉄鋼」(加：非鉄金属，金属製品)は，国内におけるユーザー産業の生産の伸びの純化，低費用指向の強ま

(単位：10億円，2000年価格)

	1998年	1999年	2000年	2001年	2002年	2003年	2004年	2005年	2006年	2007年
鉄鋼	16,899	15,657	17,160	16,623	16,428	17,492	20,031	24,647	26,793	28,407
電気機械(除：情報通信機器)	31,287	32,172	3,640	32,914	32,299	36,444	39,806	42,753	47,125	51,247
輸送機械	40,429	39,557	42,667	43,289	46,284	48,870	51,459	56,296	61,428	64,899
建設(除：電気通信施設建設)	77,619	77,040	75,866	74,583	72,377	69,602	66,453	66,557	66,416	63,696
卸売	62,612	64,132	60,871	59,146	59,906	59,937	62,936	68,465	65,556	64,003
小売	36,778	36,809	36,358	36,564	36,484	36,499	35,685	34,027	34,552	34,674
運輸	37,680	37,533	38,153	36,627	36,431	36,408	36,565	37,401	38,587	38,679
情報通信産業	89,460	92,737	98,899	104,064	105,247	110,753	114,842	120,151	124,312	128,982
全産業	921,657	921,445	947,850	939,994	939,999	954,790	980,749	1,015,460	1,039,958	1,067,525

図表2-1 産業構造の変化(産業別生産額)

(出典)『情報通信白書』(2009年)

りに伴う輸入の増加等により，10年間(1998年から2007年)で12兆円増となっている．また「電気機械(除：情報通信機器)」は，10年で11.5兆円増の生産規模となった．

「輸送機械」(加：一般機械，精密機械)も10年で，24兆円増の生産規模となっている一方，建設(除：電気通信施設建設)はリーマンショックの煽りを受け，14兆円減と大きく減少している．また，「流通・運輸」(卸売，小売，運輸)は規制緩和や情報化の進展等により，効率化が進み，卸売と運輸は微増とはいえ，ほぼ横ばいとなっている．小売にいたっては，インターネットの影響が甚大で，10年前(1998年)と比較すると減少となっている．

他方，不況と言われながらも，「情報通信産業」は，情報家電，ソーシャルメディア機器，携帯用情報端末，液晶部品等の新たな分野の展開やパソコンを中心とした電子計算機，半導体，通信機器等の高い伸びに支えられて，この10年で，約40兆円増の驚異的な生産規模の拡大を見せており，今後も引き続き，経済全体を牽引する形で成長を固持することが予想されている．

他面，図表2-2は，各産業における就業者数の変化について考察したものである．これによると，製造業(「鉄鋼」，「電気機械」，「輸送機械」，「建設」の合計)では，業種によって若干の相違はみられるが，「輸送機械」の就業者数が微増する以外は減少傾向で推移し，製造業全体として，1998年から2007年までの10年間で，実際に就業人数が約110万人減少した．

また，「流通・運輸」(卸売，小売，運輸)は，規制緩和や情報化の進展等により効率化が進み，2007年までの間，約17万人，雇用が減少した．

尚，期待された「情報通信産業」においても，実際は2007年までの10年間に，生産額の高い成長に対して約5万人の雇用減となった．その理由は，情報通信産業の市場規模の拡大に対し，この産業の特徴であるICT活用は，「労働集約性が低く，各段階での人手を廃す傾向」を有しているため，ICTで効率化していけばいくほど，雇用を要しないためと考えられる．当然，就業者数が

(単位：万人)

	1998年	1999年	2000年	2001年	2002年	2003年	2004年	2005年	2006年	2007年
鉄鋼	36	33	33	31	29	29	29	30	31	32
電気機械(除情報通信機器)	142	137	135	126	116	112	111	112	116	120
輸送機械	101	97	96	96	97	99	102	107	114	120
建設(除電気通信施設建設)	543	537	525	508	494	481	460	449	450	440
卸売	487	494	491	485	462	448	445	441	438	434
小売	729	730	732	742	736	740	744	756	770	777
運輸	308	303	304	301	299	294	290	287	296	296
情報通信産業	401	403	409	403	382	377	378	378	388	396
全産業	5,571	5,533	5,559	5,573	5,533	5,537	5,558	5,598	5,680	5,733

図表2-2 産業構造の展望(産業別雇用数)

(出典)『情報通信白書』(2009年)

減るということは，雇用吸収力が低いことを示している．

　このような近年の動向に関して，では産業発展という点からいかにこれを捉え，理解すべきであろうか．この側面に関しては，すでにClark [1940] の指摘が存在する[8]．つまり，第1次産業から第2次産業へ，第2次産業から第3次産業へとその比重がシフトするという直線的な産業発展として捉える視座である．

　しかし本書の立場は，現在のICTの革新と普及はClarkのいうように，第4次産業，第5次産業といった形に産業を進展させるものではないと考える．つまり特定の産業や部面がその構成比を高める形での発展ではなく，さまざまな産業構造において，「情報」が不可避な投入物として共通地盤の地位を確保し，また，情報を中軸に諸活動を連結するネットワークが欠かせぬ発展を予期するものである．したがって，これまでの一方向への直線的な進展型の発展形態でなく，多重層的結合の発展をたどり，その主体も企業はもちろんのこと，

NPO あるいは顧客などを含め，多様で共創的な結合形態になるとわれわれは考える[9]．

それはまた，急速な ICT の革新と普及が産業構造や就業構造に大きなインパクト・影響を付与するのみならず，ミクロレベルの各構造をダイナミックに変化させつつあるということである．この構造の変化は，直線的な形で獲得された過去の構造変化とは異質な，既存の組織間の枠組みを大きく転換させる新たな変化が起こっていると捉えることができる．そして，このような変化を促しているのが ICT の革新と普及であり，その技術が新たな局面への着地を推進している一因である，と理解するものである．

第 4 節　電子商取引の普及状況

次章以降でマーケティング分野の理論的議論をはじめる前に，近年のインターネットの国内普及率を捉えておくことは肝要である．

2002 年，インターネットの人口普及率が初めて過半数 (54.5%) を超えてから，現在，普及率は，78.2% にまでなっている (図表 2-3)．今となっては，1997 年の 9.2% が信じられないインターネットの人口普及率である．

とりわけ，13 歳から 49 歳までの普及率が高く，90% を超えている．加えて 6 歳から 12 歳が 60% 以上，50 歳から 59 歳が 80% 以上となっている．

また図表 2-4 に従えば，インターネット利用端末の種類 (個人) は，パソコンからの利用者が一番多く 92.0%，モバイル端末からの利用者が 2 番目に多く 83.3% となっている．加えて，ゲーム機・TV 等からの利用者が 7.6% を占めている．現代では数年前の携帯電話より高機能のスマホが大きな役割を果たし，モバイル端末からの利用者が急増している．そして，今後さらにスマホ利用者が増加していくと考えられるため，それに比してモバイル端末からのインター

24　第2章　ICTの革新と普及

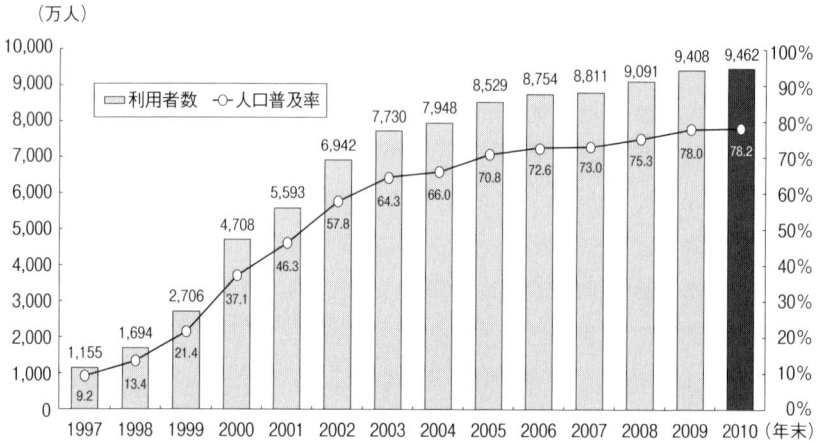

図表2-3　インターネット利用数及び人口普及率の推移（個人）

http://www.soumu.go.jp/johotsusintokei/statistics/data/110518_1

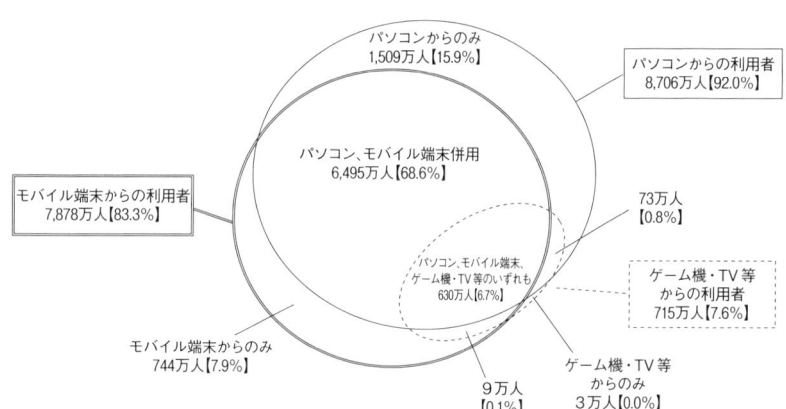

（※）モバイル端末：携帯電話、PHS、携帯情報端末（PDA）及びタブレット型端末を指す。

図表2-4　インターネット利用端末の種類（個人）（2010年）

http://www.soumu.go.jp/johotsusintokei/statistics/data/110518_1

ネット利用者も増加していくと予期される．また先述の通り，ゲーム機・TV等からの利用者が増加していることも看過してはならず，インターネットでゲームを楽しむのは当たり前となっており，従来の新聞・ラジオ・TVに代わって，その日の天気，交通情報，地震情報などをネットで見ることが日常になっている．

今後，「必要ない」「操作が難しい」などという人が一部残るにしても，近い将来，わが国のほとんどすべての人がインターネット利用者になることが予測される．これはまた，インターネットを活用した消費者の増加[10]，つまり，B to C (Business to Consumer) および C to C (Consumer to Consumer) の基盤が整ったとみることができる．

他面，企業（従業員規模別）におけるインターネットの利用状況は，総務省調査に従うと，全体として98.8％（図表2-5を参照されたい），具体的に従業員1000人以上の企業に至っては，2002年以降，100％を維持している．

このインターネットの普及に伴って，電子商取引市場（EC市場規模）がグローバルに，そして急速に拡大し，10年間で約2倍の7兆7880億円（2010

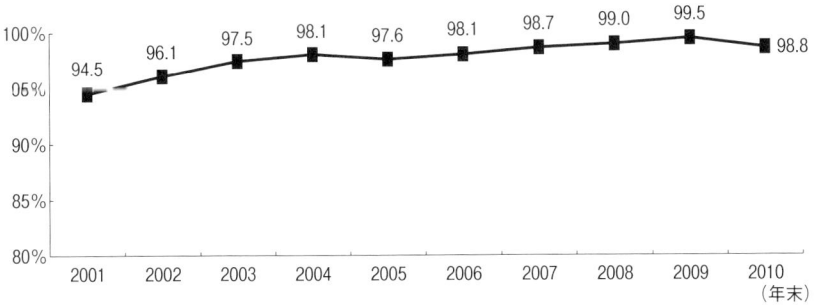

図表2-5 インターネット利用率の推移（企業）

http://www.soumu.go.jp/johotsusintokei/statistics/data/110518_1.

年)の市場規模にまでなっている(図表2-6).

全体的な電子商取引化率は,2001年(5.0%),2002年(7.0%)から2009年では21.5%,2010年には23.7%にまで増加している.

業　種		2009年			2010年		
		EC市場規模 (億円)	対前年比	EC化率	EC市場規模 (億円)	対前年比	EC化率
小売業	総合小売	14,290	105.5%	3.60%	16,110	112.7%	4.18%
	衣料・アクセサリー小売	860	117.8%	0.70%	1,120	130.2%	0.88%
	食料品小売	3,770	128.7%	0.62%	4,360	115.6%	0.71%
	自動車・パーツ小売	9,460	122.1%	2.81%	12,220	129.2%	3.47%
	家具・家庭用品小売						
	電気製品小売						
	医薬化粧品小売	2,250	130.8%	2.14%	3,120	138.7%	2.85%
	スポーツ・本・音楽・玩具小売	2,970	112.1%	1.78%	3,330	112.1%	2.14%
サービス業	宿泊・旅行	9,090	109.3%	4.13%	11,010	121.1%	4.65%
	飲食						
	娯楽	1,060	103.9%	0.74%	1,260	118.9%	0.81%
建設業		N/A	N/A	N/A	N/A	N/A	N/A
製造業		1,590	93.5%	N/A	1,380	86.8%	N/A
情報通信業		17,570	107.9%	N/A	19,890	113.2%	N/A
運輸業		2,650	99.3%	N/A	2,660	100.4%	N/A
金融業		800	92.0%	N/A	710	88.8%	N/A
卸売業		600	85.7%	N/A	710	118.3%	N/A
その他サービス業							
合計		66,960	110.0%	N/A	77,880	116.3%	N/A
合計(小売・サービス)		43,750	113.1%	2.08%	52,530	120.1%	2.46%

図表2-6 日本の企業間電子商取引市場の推移

(出典)経済産業省[2010]『電子商取引等に関する市場規模実態調査』

第4節 電子商取引の普及状況

　電子商取引市場の業種別規模では,「衣料・アクセサリー小売」と「医療・化粧品小売」における対前年比が最も高く,それぞれ130.2％,138.7％となっている(2010年).これには及ばないまでも,他の産業でも,「自動車・パーツ小売」と「家具・家庭用品小売」と「電気製品小売」の総計が129.2％,サービス(宿泊・旅行)とサービス(飲食)の合計が121.1％と電子商取引市場の規模を拡大している(2010年の対前年比).総じて,産業別にどの分野においても順調に増加していることがわかり,これより今後も増え続けるであろうことが予測できる.

　また顕著なこととして,企業間同士だけではなく,企業と顧客間での電子商取引規模も変化してきている(図表2-7).日本の企業と顧客間の電子商市場規模は2010年に,7.8兆円となり,前年比16.3％増となっている.また,電子商化率についても,約2.5％,前年比約0.4ポイント増と上昇している.

　図表2-6からは,インターネットの普及に伴って,サービスを軸に多くの業種で電子商取引率が高まっているのがわかるが,中でも,広告サービスを中心に考察してみたい.現在,企業と顧客間での電子商取引規模の変化によって,若い世代がインターネットで,Facebook,GREE,Mobage,mixiなどのSNSを利用する機会が激増しているのは周知である.その際,発生する広告費,広告サービスが今後さらに拡大していくと考えられる.それ故,「その他サービ

	2006年	2007年	2008年	2009年	2010年 (前年比)
市場規模 (兆円)	4.4	5.3	6.1	6.7	7.8 (+16.3％)
EC化率 (％)	1.3	1.5	1.8	2.1	2.5 (+0.4％)

図表2-7 日本の企業と顧客間の電子商市場規模の推移
(出典)経済産業省 [2010]『電子商取引に関する市場調査』

ス業」の電子商取引率については，今後，広告サービスを中心に注意して見ていく必要があろう．

加えて，現在は blog をやっているオピニオン・リーダー（インフルエンサー）が多く，blog で店をアップしたり，好みの店を紹介したりしている．GREE などでは著名人が登録をすることにより，利用者を増加させている現実がある．例えば，インターネット上の「食べログ」（ランキングと口コミで探せるグルメサイト）では，全国の飲食店，レストランを探すことが可能である．利用者が多いため，口コミ，クーポン券も充実しており，とても便利で，企業の新たな活用の方法が模索されるところである．同時にステルマーケティング（stealth marketing）の視角にも注意して検討すべきである．

第5節　電子商取引が流通チャネルに与える影響

1　流通革命論

インターネットを中心とする ICT の革新と普及が，本格化する中，再び，流通チャネルにおける「中間流通業者排除論」が囁かれている．

かつて，林周二 [1963] は，1960 年代以降の急速なスーパーの成長を予期し，それが大量生産体制と結合することで，「短くて太い流通チャネル」が導出されると説いた[11]．このような流通チャネルの実現は，自動的に既存中間流通業者たる問屋を排除する．そしてこの「短くて太い流通チャネル」が形成されることこそが，流通の合理化につながることを，彼は主張した．

要言すれば，スーパーの急成長に基づく中間流通業者排除によって，流通チャネルを再構築し，大量生産に対応できない小売業とメーカーの乖離を埋めようとする論理と解される．また，林周二 [1963] の研究成果を摂取した上で，

佐藤肇［1974］は，流通チャネルの変革の方法として，具体的に「チェーン・オペレーション」の有効性を示唆し，その主体として，従来の寡占メーカーに代わって大手小売業を指名した[12]．

　両氏の「流通革命論」は，1970年代後半からさまざまな批判を浴びることになるのだが，現在，電子商取引の急速な普及と拡大に伴って，再び，流通チャネルに与える影響として「中間流通業者排除論」が浮揚してきている．

2　現代の流通革命論

　その基本的な骨格は，Tapscott［1996］，Rosenbloom［1999］，中谷巌［2000］によって明らかにされている[13]．インターネットを介した電子商取引が常態化すると，メーカーと顧客（B to C）がワン・トゥ・ワンで直結する．ところが，従来の卸売業の業務の多くは，メーカーと顧客を結びつける中間流通業者としての業務であった．そのため今後，メーカーと顧客がインターネットを通じて直結するケースが増えることによって，流通業者の「中抜き現象」（disintermediation）が起こり，排除されていくというのが彼らの提示した論理である．

　この動向はすでに一部始まっている．洋書販売業，中古車販売，証券業，旅行業などはその典型である．洋書についていえば，かつては丸善，紀伊國屋書店，日本書籍貿易などを通じて購入していた洋書をアマゾン・ドット・コムの電子商取引による購入に切り替えた研究者はかなり多い．また，1000店舗以上の開店数を持つ「楽天市場」を嚆矢とする「サイバーモール（Cyber Mole）」や「インターネットオークション（Internet Auction）」等は，技術・法制度ともに，顧客が信頼可能なネット上の「電子マネー（Electronic Money）」が普及・拡大すればいっそう，増加していくであろう．

　そこでは，Tapscott［1996］，Rosenbloom［1999］が言明しているように，

現実の大企業が電子商取引に参入する領域が増すにつれて，中間流通業者を中心に「中抜き」されていくという議論が成り立つ．

一方，近年は，電子商取引のみならず，これを全国のコンビニエンスストア(CVS)とリンクさせた流通チャネルが顕現しており，(1)「情報流（注文）」はホームページ(Home Page)，(2)「物流・資金流（製品受取り・支払い）」は，最寄りコンビニで代金引換，という仕組みが成立している．

このように，今後，インターネット上の企業と現実の企業とが協力する新たな流通チャネルが，中軸となるともいわれている．もちろん，Tapscott [1996] や Rosenbloom [1999] の議論を全否定するつもりはない．しかしながら誤解が内包されていることだけは指摘しておきたい．

3　B to B の現実

通常，インターネットはn対nの流通チャネルであり，これまでの1対nの流通チャネルに比較すれば，より公平で平等な流通チャネルとされている．しかしながら，これは跛行を伴った議論の側面がある．たとえば，インターネットによってn対nの巨大流通チャネルが実現したように見えるが，豊かになって流通チャネルの規模が大きくなればなるほど，たくさんのセグメントが生まれることも看過してはならない．インターネットは確かに，双方向機能を持ち，自律分散処理を行う．しかし，それは技術的に可能であるというだけで，実際には人々が必ずしもこのような情報処理を行い得るものではない．

そこには，使い手（顧客）の「限定された合理性」と時間的制約が関係してくる．たとえば，インターネットは「ネットワークのネットワーク」と言われ，世界中につながっている蜘蛛の巣と称される．

では仮に，約60億の世界の人々と1人あたり1分だけ情報交換するとしたならば，全員との情報交換終了まで，1万年以上かかってしまう．また仮に，

購買したい製品に10万の関連製品のホームページがあったとして，1頁1分間で検索と解読をしたとしても，全ホームページを眺めるだけで，10日間徹夜で検索・解読作業を行ったとしても足りない．

なるほど確かに，インターネット・オークションは，B to C（企業—顧客間）では常態化している．しかしながら，B to B（企業間）におけるインターネット・オークションは，価格交渉だけでは決まらない側面がある．通常，B to Bでは，価格メカニズム・製品に関する品質・納期・在庫残高以外に，取引企業に関する信用度を調査・監督する費用，あるいは組織間の信頼を形成するための費用などがかかる．これらは，ICTによって一定程度，節減されるかもしれないが，ゼロになることはない[14]．

その意味では，Strauss and Frost［1999］が言及しているように，流通チャネルの「中抜き」による費用節減には，自ずと限界がある[15]．

Lawrence, Corbitt, Tidwell, Fisher and Lawrence［1998］をはじめ，一部識者は，インターネットによって「完全競争市場」が実現可能となったとする[16]．しかしながら，これはICTの実際を鑑みないものである．むしろ探索費用等の情報交換費用が節減された分，他の取引費用は増える可能性もありうる．机上の理論を繰り返すよりも，ICTが可能とした個別化・パーソナル化された市場でオープンに情報公開しながら個々の顧客とのコミュニケーションを行い，流通チャネルにおけるひどい中間マージンを是正する地道な議論からはじめることが重要であろう．

ここにおいては，「限定された合理性」ゆえにメーカーにとって，自社のホームページに出来得る限り多くのリピーター顧客やRoger［1962］が言うところの「初期少数採用者」（マニア的な「革新的採用者」ではなく，クチコミに威力を発揮するオピニオン・リーダー，あるいは製品に対して非常に豊富な知識を持ち，メーカーに対してさまざまな要求をするパワー・ユーザーが含まれる）をいざない，その中で製品への欲求を喚起させる新たなマーケティング

手法を構築しておくことが不可欠となる.

　それには，ICTを適切に用いてのOne to Oneマーケティングが必要である．つまり，ICT能力の向上によって，既存のマスメディアが不特定多数に流していた情報を，特定の顧客に対してピンポイントでアピールしていこうとするマーケティング手法の深耕である．不特定多数に対して，ダイレクトメールを流しても，製品が適合するという保証はない．このために，個別の顧客情報を確保し，それを利用するマーケティング進化としての真の意味でのダイレクト・マーケティングが必要とされる．たとえば，データベースとフィルターでリスト管理する「e-mailマーケティング」，嗜好・顧客属性付きリストを活用する「オプトイン・マーケティング」以外にもeコミュニティの人達から推薦・推奨を受けて顧客が購入を決める「リコメンド・マーケティング」のように，そのコミュニケーション過程を通し，実際の製品・サービスを長期継続的に購入してもらう，といった事例が台頭している．

　このように，eコミュニティの形成により，顧客を徹底的に知り尽くし，囲い込むマーケティングが肝要となる．コミュニティ活動や人間性のダイナミズムをネットで補完する仕組みとして，「ブログ」のトラックバック・ネットワークやソーシャル・ネットワーキングがあるが，これは人間の関係性をネットワーク上で可視する仕組みで，ネット上の口コミやアフェリエイトマーケティングとも大きく関係してくる．そこでは電子商取引によって「中抜き」が可能になるか否かは別にしても，メーカー側が依然「顧客知らず」のままのマーケティング手法では地盤沈下してしまう．直接に顧客を知らないメーカーは，誰に，何を，どのようにアピールし，誰に，何を，どのように販売すればよいかわからないからである．

　その意味では，顧客を知り尽くすことは，ICTを柱とした情報化の展開の中，急進的な要素である．商流・物流・資金流・情報流が変化・変容される市場の勝者は，いったい誰になるのであろうか．誰が「新たな競争」に勝ち残り，

誰が主導権を握るのだろうか．それは流通チャネルの中で，最終顧客を握った主体である．

現在の情報化は電子ネットワークを社会に張り巡らせたものである．その先にいかなる特質を持つ顧客が存在しているのかを確実に理解した主体のみが，このネットワークによって，誰よりも安く，早く製品・サービスを提供できるのである．ネットワークを持つだけ，またはネットワークに参加しただけでは，「価値創造」を行うことはできない．

あらゆる顧客接点，つまり「コンタクトポイント」において，顧客情報や販売履歴を情報として蓄積し，「数値情報」に，カスタマー・インティマシー[17]で入手した「質的情報」を加えて，そのうえに顧客情報の充実と「囲い込み」のマーケティングを確立していくことが枢要となる．そこでは，One to Oneマーケティングをさらに進化・深耕させたマーケティング手法が求められる．

第6節　小　括

これまでみてきたように，わが国における情報化は，その時々の環境変化や諸条件により異なるものの，近来的には確実に進展するものと予期される．とりわけ，インターネットとその関連技術を中心としたICTの必要性と重要性は，今後ますます高まっていくものと考えられる．

ICTの普及とその活用によって，これまでの社会生活や消費行動が大きく変わってくることは避けられない．インターネットを家庭でも使用する割合は，第4節でみた通り2010年末でわが国人口の78.2%を記録した．その意味では，このインターネットの急速な普及とともに企業活動や消費行動がいかに変化していくかを捉えることは重要である[18]．

「情報」が富を生み出す社会に移行するというTofler [1960] の指摘から久

しいが[19]，顧客の消費行動や企業活動の上で，「情報」の比重が増す中，たとえば証券業界では，インターネット取引中心の「マネックス証券」や「松井証券」などの企業評価がはやくも野村証券や大和證券などの歴史ある大手企業と比較されるようになると，富を生み出す仕組みそのものが変わりつつあるとみるべきであろう．

そこでは，インターネットを活用したマーケティング手法を考える上で，ネット上の顧客やNPOとの対話の質量ともに流通チャネルとの関係から，どのようにマネジメントするかは枢要な問題の1つであろう．この点を考えるためには，上で見たように，主としてインターネットの双方向性などに着目して流通チャネル全体のあり方を検討するのみならず，チャネル内の情報流や物流などの転換に伴うチャネル内の協力あるいは複数チャネル間の競争についても考えておくべきであろう．すなわち，ある目的や動機を持って新たに流通チャネルに参入してきた顧客やNPOが，そのコンタクトポイントに何を求めているか，あるいはどのような機能が提供されるか議論することで，インターネットを活用した流通チャネルの帰趨についてのインプリケーションを得ることが出来よう．

そこにおいて，とりわけ顧客の消費行動やそれに対応した企業活動との視点から留意すべき諸変化の潮流を，以下3つにまとめて第3章につなげていきたい．

まず第1に，ICT活用のフェーズが，企業に限らず消費者やNPOを含めた顧客主導になってきているという事実である．現在のインターネットの普及は，テキストに限らず多彩な機能を広域かつ広い層に普遍化しているため，その利用人口が専門家から，公共サービス分野・一般家庭にまであまねく広がり，情報の非対称性も是正されつつある．

このような広い領域で，多彩な業務を処理可能となると，相互コミュニケーションは言うまでもなく，文書・データ・図面の作成・添削校正・変更・配布

だけでなく，分類・ファイルチェック・再利用などの知的非定型業務をこなせるようになり，さらに重要な側面として，これらのツールがそれを使いこなす主体の「創発性(creative)」発揚の手助けとなっているということである．このようなICT活用の普遍化は当然，それぞれの局面でのさまざまな主体の「組換え」が容易になることをも示唆している．

　従来の局所的・限定的アプリケーションの場合には，企業で専任従事者を訓練することにより，特定仕様でも充分効果を発揮してきた．しかしながら，不特定多数の主体が利用するインターネットの普及に伴って，その不特定多数のユーザー各々が自らにとって最良のシステムを選択することが可能となった．結果的に顧客としての個人やNPOがインターネット上での「事実上の標準： *de fact standard*」形成に大きく関わってくるといった，企業主導のプッシュ型から顧客主導のプル型への転換が起こりつつある[20]．

　第2に，インターネットのようなICTの革新と普及によって，既存の企業間連結や業務提携とは異なった異業種の流通チャネル，あるいは異質な主体を組込んだ流通チャネルが展開して，業務範囲の拡大や異業種間の相互乗り入れが活発化しているということがある．それはまた，前述の通り，特定の部面にとどまらず，全産業的な情報化が進展している事態を指しており，そこでのモジュール化やアンバンドリング化は，既存の業種・業態の枠組みを超えた産業領域の創発を促し，これまでの産業領域の区分を不明瞭にさせていく．

　また第3に，ICTの革新と普及は，これまでの企業の競争環境に変化を招来し，新たな競争形態や新たな競争関係を生じさせていることを指摘しておきたい．とりわけ，近年においてはインターネットそれ自体をチャネルのかなめに据え，競争上の優位性を確保していかなければ，企業が継続して事業を行なっていくことが困難なほどに，その「競争」環境は大きく変化しており，それは当然，流通チャネルに影響を及ぼしている．そこにおいては，「ネットワーク」の外部性を踏まえ，どのように自社の競争優位性を確保するかが企業

の重要なマーケティング課題の一つとなっている．

　以上，この第2章では，分析の対象に影響を及ぼす情報化の具体的内実，ICTの特性等を検討の対象としてきた．ICT革新を軸に全産業に展開しつつある現在の情報化は，とくに自律分散構造で双方性の特質を持つ．それは，組織間での取引や流通チャネルへ大きな影響を及ぼし，情報共有・情報受発信の最小費用化等が期待されるものと位置づけられる．

　ここにおいて，われわれはこの章で見てきたICTの革新が，(1)企業内部におけるコンピュータのスタンドアロン活用，(2)企業内情報ネットワークの形成，(3)企業間情報ネットワークの形成と進み，そして(4)現在のインターネット活用という自律分散型ネットワーク構造の形成過程，に入りつつある事実を確認し，企業間の競争と協力といった問題も含めて，次章以下での「取引費用」概念について考察を進めたい．

注
1) インターネットは，本来1969年のアメリカ国防総省研究施設ARPAを軸とした科学者ネットワーク「ARPA (Advanced Research Project Agency)-NET」を母体としている．この普及の契機となったのは，1991年の商用への開放と，1993年にCERN (ヨーロッパ合同原子核研究機構) によって登場したWorld Wide Webのブラウザ「NCSAモザイク」の登場である．これによってユーザー・インタフェイスが大幅に改善され，企業活動への利用の容易さが増した．アメリカでは1995年以降，AOLが月額定額制を開始し，一気にインターネットの商用的普及が進んだ．
2) 経済産業省産業構造審議会情報経済分科会編[2002]『日本的組織の再構築－アーシャンレジューム(旧制度)からの脱却』pp.132-135.
3) コンピュータの処理スピードを表わす単位にMIPS(ミップス)があるが，これは「ミリオン・インストラクションズ・パー・セコンド」の頭文字をとったもので，1秒間に100万個の命令を処理できる能力のことを指す．今では一般のパソコンでも数千MIPSは当然となっており，数年前にはとても考えられなかった情報処理が実現している．
4) 現在，Twitter, Facebookでは，企業の公式アカウントが続々と開設されている．

企業のYouTubeCMの公開も増えており，中にはウェブ限定CMやオリジナルショートストーリーを配信する業者もある．主に宣伝の目的において利用しているケースが目立つが，これらSNSは「いつでも」「手軽」「即時的」「無料」「双方向」という性質を持つ点で，従来の他のメディアとは異なっている．良い情報も悪い情報も瞬時にユーザーの知るところとなり，また「連鎖爆発的」という特徴を持つSNSは活用に固有技術は必要なく，ウェブでの宣伝のために専用の人材・時間・費用を割く必要がない．従来のようにHP等を持っていたとしても，ウェブページは更新に手間がかかりリアルタイムな情報発信は難しいし，ある程度のノウハウがなければ自分で製作するのも難しかった．また顧客からの商品・サービスに対する反応をメールなどで募ることもできるが，商品の重大な欠陥等のことでない限りこういったことに関するリプライは来ないであろう．他方，「値段が高い」とか「おいしかった」といった程度の口コミ情報を，SNSでは容易に汲み上げることが可能である．

5) クラウドサービスはオンライン上にデータベースを構築するので，インターネットを利用してどこからでもアクセスが可能となる．必要があればアクセスを制限したり，一時的に利用・増築したりすることも可能なので，これによってシステム管理費用が削減される．そしてセキュリティ面でも自社内にサーバーを置かないことから情報漏えいのリスクから解放される．さらに2011年以降は震災の影響を鑑み，災害時の情報保護においても大きなメリットをもたらすと期待される．YouTubeなどの動画サイト，FacebookなどのSNS，オンラインドキュメント管理システムなどはクラウド型データベースによって支えられている．これによってスムーズな業務の遂行とデータへの自由自在なアクセスが可能となる．現状の企業内システムからクラウドへの移行はまだ初期段階にあるが，今後の大きな進展が期待される．

6) 現在のインターネットの普及に伴うネットワーク化とデジタル化の進行は，国境，製品，業界を越えた競争を促進することとなった．そこでは，とりわけデファクト・スタンダード獲得に有効な戦略的行動の重要性に対する認識が企業に高まっている．柴田高「競争枠組みの変容」新宅純二郎・許斐義信　柴田高編［2000］『デファクト・スタンダードの本質』有斐閣，pp.157-163.

7) ここでPorterよりもAakerの方がより建設的であるという点について言及しておきたい．Porter［2001］は，(1)インターネットによって情報の非対称性が解消され，市場は完全競争に近くなる，(2)高い効率性がネット上の参加者全員に同じ恩恵を与えることによって，企業間の差がつきにくくなり，ネット上での競争優位獲得は非ネット経済より困難となる，という認識に立つ．その下で，「効率で差がつきにくくなった分，戦略的ポジショニングによる寡占・独占構造の構築が競争優位獲得にとってより一層重要になる」と主張する．そして，「インターネットが産業構造に与える影響」を分析し，インターネットは結局「産業の収益性にとってマイナス」と結論づけ

ている．それは「産業構造の非効率性ゆえに生じていた富は，市場の効率が向上することで消失」という理解である．確かに，完全情報に近づくにつれ，いわゆるコモディティ品の値段は一切差がつかなくなり，これまでそうした財の差別価格を支えていた根拠が崩れるので，その部分の利潤は消滅する．例えば，特定のサプライヤーからの長期安定的取引関係による差別価格がB2Bイクスチェンジで一気に下がる，あるいは地理的な隔絶性ゆえに高い値段をつけていた地方の家電店が，ネット上のオンライン販売に駆逐される，等が考えられよう．「その消失分は，より競争優位のある企業にシフトする」というのは，ネット経済下で新たに勝者となり，独占力・寡占力をさらに強めた企業がこれまで以上に利益を得るという主旨である．「ネットによる効率の均質化」に左右されない種類の「持続的競争優位の源泉」に基づいて利潤を得ている「独占・寡占企業」のみが競争優位を獲得し維持できる，ということになると，従来それ以外の源泉に基づいて超過利潤を得ていた企業は完全競争に飲み込まれるので，前者のタイプの「独占・寡占企業」の市場ポジションはより強化され，利潤はより拡大するだろう，という考え方である．市場のエフィシェンシー（efficiency＝効率性）が向上するということは，企業にとってはよりタフな状況が訪れるということである．

　ここでいうAakerの方が建設的な見解を示している，という意味はPorterの言う「完全競争市場化による利益の消失分」以上に，新たなチャネル拡大に伴う企業の創意工夫（インターネットに対応した新たなマーケティング）で，利益拡大も可能であるという点に，軸足を置いた議論の展開をしている意味においてそうであるという意味を指す．

8) Clark [1940] *The Conditions of Economic Progress*. 大川一司ほか訳［1955］『経済進歩の諸条件　上巻』勁草書房．邦訳，pp.178.
9) NPOの定義と範囲を含めその活動内容が多様であることもあって，研究はようやく緒についたばかりである．早い段階からマーケティングに関するNPO研究に着手したものをその後まとめたものとして，堀越比呂志［2005］がある．特に流通・マーケティング論からの研究は，企業のそれに比較すれば，はるかに蓄積が少ないのが，現状である．このNPO (Non Profit Organization)には確定した定義はないが，最も広い意味では，「利益を組織外に配分することを制度的に禁じられた民間組織」とされている．最近では，NPOとNGOを併せてCSO (Civil-Society Organization)とすべきという提案もなされている (Ritchie [1997] Civil Society and the United Nation, *Review of International Cooperation*, 90(4), Nathan Cummings Foundation, pp.81-83).
10) わが国の場合，携帯電話を通して@マーク付きメールを受信したり，情報サイトを閲覧した場合もインターネット利用としてカウントされている．
11) 林周二［1962］『流通革命』中央公論社．

12) 佐藤肇 [1974] 『日本の流通機構』 有斐閣.
13) Tapscott [1996] The Digital Economy: *Promise and Peril in the Age of Networkge Intelligence*, Mc Graw-Hill.
　　Rosenbloom [1999] *Marketing Channels: A Management View*, 6th ed., Dryden Press.
　　中谷巌 [2000] 『e エコノミーの衝撃』 東洋経済新報社.
14) これら調査・監督等にかかる費用のことを Coase や Williamson は「取引費用」と呼称する. この費用と情報化との関係については, 次章で検討・考察する.
15) Strauss and Frost [1999] *Marketing on the Internet: Principles of Onlin Marketing*, Prentice-Hall.
16) Lawrence, Corbitt, Tidwell, Fisher and Lawrence [1998] Internet Commerce Digital Models for Business, John Wiley and Sons.
17) カスタマー・インティマシーとは, ヒューマンタッチな顧客アプローチ (customer intimacy) のことである. 顧客とのコンタクトポイントでのホスピタリティは, CS (顧客満足) のかなめとなる. いかに優良顧客を囲い込んで, 長期継続的関係を保持させるかは, このカスタマー・インティマシーあるいは, ヤフー副社長 Godin が提唱した「パーミッションマーケティング」にかかっている. たとえば, 古くは「名門旅館のサービス」「富山の薬売り」, のように, 顔の見える「場」から, 顧客の属性や嗜好(志向)などの情報を適確に収集蓄積・把握し, これらを踏まえ, 次なる顧客接点の場で, カスタムメイドなサービスを長期継続的に提供していくことが希求されている.
18) アメリカでは, わずか5年でインターネット利用者が500万人に到達した. 過去, これと同規模の市場を構築するのに, 新聞で100年, ラジオで40年かかっており, これらを鑑みると, その意味が急速に重要性を帯びてくる.
19) Tofler [1960] *The Third Web* (徳岡孝夫訳 [1982] 『第三の波』 中央文庫)
20) しかし,「事実上の標準」の対極として, 公式機関が定めた「標準」がある. 行き過ぎた標準化は新しい技術単新や新規事業醸成の芽を摘み取り, 健全な競争を疎外する憂いもある. 標準化すべき領域と事実上の標準に委ねるべき領域との適切な均衡をした配慮した活動が望まれよう.

第3章　取引費用パラダイムの構造

　近時，ICT革新の中，メーカーを取り巻くチャネル環境が急激に変化している．長い間，メーカー主導チャネルであった垂直的統合が崩壊していく中で，新たに「戦略的提携」や「製販同盟」が進展している．この提携によって，情報流や物流合理化への共同投資や製品企画から生産に至る共同開発を通じ，チャネル管理の効率化が図られている．

　かかるチャネル現象の変容に対し，これまでマーケティング論では，いかなる理論的装置が用意されてきたのであろうか．従来のチャネルは，「垂直的統合」と称され，取引費用からの接近，あるいはパワー・コンフリクト理論からの接近がなされてきた．しかしながら，近時の流通チャネルは前段の通り，「戦略的提携」の形態が増えている．この新たな流通チャネルに対する接近が未整理のままでは，今後のマーケティング論の理論的展開は望めない．

　そこで本書では，従来，垂直的統合を説明してきた「取引費用パラダイム」と，現在の「関係性パラダイム」に瞠目し，チャネル現象を説明するこれらの理論がもつ意味と限界を，検討してみたい[1]．「取引費用パラダイム」に関してはこの第3章で，「関係性パラダイム」に関しては続く第4章で考察を行い，双方の理論的補完性を確認する．これらの分析枠組みを理論的に検討することは，チャネル現象を考察する研究者にとっては，不可避の課題であろう．

　マーケティングにおける体系的理論が希求されて久しいが，その根幹ともい

えるこれらの課題は，今現在，なお未解決とされる部分が残る．その意味で，本書は理論的整理を主たる目的としながら，今後のマーケティングにおける体系的理論化への帰趨について考察する．

第1節　はじめに

　Williamson［1975］［1985］の「取引費用パラダイム（Transactional Paradigm）」[2]は，その内容が明確になるに伴って，流通論やマーケティング論，産業組織論の各領域から強い関心が寄せられてきた．それは，流通チャネルとしての「垂直的統合」[3]に理論的根拠を付与するものでもあり，国内外のマーケティング研究者によってその有用性が認められてきた[4]．そして，現在もそれは理論的発展がなされ，さまざまな論者によって彫琢が加えられている[5]．

　Williamson が，主としてメーカーと部品メーカーの間の取引を考察しているのに対し，マーケティング論では，彼の見解を援用・改良して，メーカーが流通業者（卸売業者・小売業者）との間で選択する取引について直接考察している．

　ここでの本章の目的は，こうした垂直的統合を，Williamson を中心とした論者らの視点から照射することにあるが，その作業の前に Williamson 以前に垂直的統合の理論的根拠となる取引費用概念を示した Coase の所説について整理し，その内実をみておこう．

第2節　Coaseの所説

1　企業の境界

　1991年度ノーベル経済学賞受賞者のCoaseは，新古典派経済学が無視し続けてきた要素のレゾンデートルを問い，それを対象とし分析するというアプローチをとっている．

　Coaseの概念は，「取引費用(transaction cost)」がさまざまな制度，とりわけ企業組織の存立の前提条件となるというもので，1937年の論文でそれは示された[6]．この1937年の論文は，その後の企業組織研究の基盤となる枢要な研究となった．

　彼の概念をまず，簡単な想定で検討してみたい．仮に，製品完成の目的のた

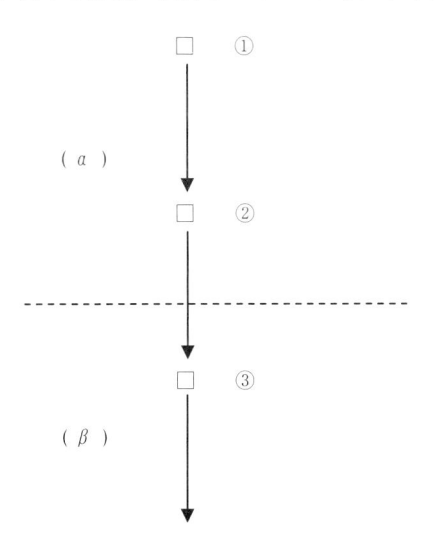

図表3-1　垂直的連鎖の技術的関係

めに3つの主体各々が，提供する①～③までの生産活動が不可欠としよう．この3種類の生産活動は垂直的連鎖(vertical chain)の技術関係にあると仮定する．ここにいう「垂直的」関係とは，基盤として前工程の生産活動が存在し，第2工程の生産活動がその連結をなす垂直の流れ(vertical flow)作業となる生産技術の関係を指す．これを図示すると，図表3-1のように，同一直線上に3つの四角が置かれる関係となる．つまり，生産活動①～②により産出された中間生産物を基盤に，生産活動③が遂行されるという連続的な技術関係が成り立つ．

　生産プロセス各々を，図表3-1で示されるように，(α)と(β)の企業組織が担当しているものと設定する．企業組織(α)の中で，①と②の生産活動が遂行され，企業組織(β)がその中間産出物を引き継ぎ，(β)で生産活動③が付加され，作業が終了する．この場合，生産活動①～③を市場および企業組織の双方が，機能的に結合する役目を遂行している[7]．この市場および企業組織の検討の後，Coaseは両者間に生産活動の結合方法について「価格」と「権限」という2つの異なるメカニズムが内包されているとし，両者は，取引費用の観点からトレード・オフの関係にあるとした．

　図表3-1では，安易に企業(α)と企業(β)の間に境界線を示した．しかし，実際の境界線はもっと多様である．例えば，図表3-2のように極端なケースとして，全く境界線が存在しない場合がある．これは生産活動を連結する目的で，企業という組織が活用される場合である．対極に位置するのが図表3-3にみられる3つの生産活動すべての間に線を引く場合で，ここにおいては，自律した3主体が市場を通じて最終製品を完成する．ここでは，企業組織自体，存在しない．

　3つの図表を鑑みると，図表3-1の方が他の図表と比較して現実の近似状況であると考えられ，市場と企業組織両方が併存している状況である．Coaseの問いとはどうして図表3-2ではなく企業の境界線があるのか，または，図表3-3ではなく企業組織が存在するのかということである．

図表 3-2　境界線が存在しないケース

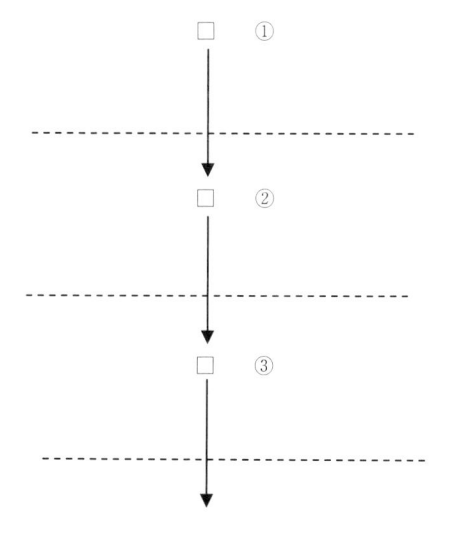

図表 3-3　境界線が存在するケース

これまでの新古典派の理論体系において，企業とは市場において生産要素を購入し，それを，生産技術を使って生産物に変換し，生産物を市場で販売するものとされる．生産物販売収入と生産要素購入費用の差額が利潤であり，企業はそれを最大にするように，限界収入と限界費用が一致するところに生産量を決定するというものであった．この理論によれば，投入物(input)と産出物(output)の対応関数を表す企業の生産関係の定義を出発点とし，「企業の境界」と「企業の存在」は所与とされる．

一方，Coase [1937] は，「取引費用」概念を強調する[8]．企業は，市場の「価格メカニズム」をもって生産するか，それとも「権限メカニズム」をもって組織化するか選択をする．つまり，現実の市場は，価格メカニズムを利用するための取引費用がかかり，この取引費用が大きくなるのであれば，市場に代わる企業組織の権限メカニズムが選択される．ここに，企業の境界が決まるとした．その意味で，新古典派の前提を覆している．つまり，取引費用を可能な限り節減する最適選択が企業組織および市場の境界を説明するということである[9]．

以上の Coase の見解を，メーカーが流通業者（卸売業，小売業）との間で選択する取引について援用するならば，メーカーは，流通業者との間で市場および流通チャネル内部の取引を行うにあたって必要とされる取引費用をそれぞれ斟酌し，両者を比較したうえで，より低コストの取引を選択していることになる．

2　取引費用の内容

取引費用をメーカーと流通業者の取引に援用すると，取引を流通チャネルに内部化することにより節減が可能であるにしても，依然としてチャネル内部取引費用として残存し，チャネル内部における探索・調整・監視の諸機能を担うこととなる．市場においてであれ流通チャネルにおいてであれ，取引費用に表

現されるこのような探索・交渉・監視の諸機能には,常に取引費用が発生するということである.この節減のために,経済活動をチャネル内に組織化する意義が表出するものである.

ここでいう生産活動をチャネル内に組織化するとは,企業のもとに流通系列化される内部取引数の増加と密接に関係があり,この内部取引数の増加とともに取引される財の種類や取引方法,取引場所等に多様性が生じチャネル内部の取引(内部取引費用)と市場取引(外部取引費用)の比較が可能になるのである.

たとえばここで仮に,取引費用は,契約の回数(あるいはチャネル)に比例するとし,1回の契約に要する取引費用を TC とし,全体の取引費用を TTC (Total Transaction Cost) としよう.すると,n の企業がそれぞれ多角的な契約を結ぶときに発生する全体取引費用は,以下のようになる.

(3.1) $TTC = \{n(n-1)/2\} \cdot TC$

他方で,単一企業と他の企業が相互に契約を結ぶときには,全体取引費用は,以下になる.

(3.2) $TTC = (n-1) \cdot TC$

$$\{n(n-1)/2\} \cdot TC > (n-1)TC$$
($n \subset N$, $n \geq 2$, N は自然数の集合).

以上より,取引費用を節減することが可能となる.さらに,契約の内容は,状況の変化に伴いその都度,継起的に契約を行っていくのではなく,報酬等の基本的な点と,ある特定の個人(従業員)の監視(supervision)に従うという点について契約するようにすることで,不確実な世界での時間の経過に伴う変化の中で,取引費用を節減することが可能となる.ここでいう監視とは,Coase を踏まえた Alchian and Demsetz [1972] に従うと以下のように概観できる[10].

まず,生産活動をチーム活動として捉えた場合,単にアウトプットの総量を測定することは容易ではあるが,それを生み出すために要した個別主体の貢献度(インプット)を測定することは困難である.それはチーム生産では,限界生産性によって賃金を払うことが不可能,つまり正確な成果主義賃金が存在しないということである.そのため,この状況を単純化するために2個人の活動を要する生産活動を仮定しておく.おのおのを個人1,個人2と呼び,各主体が活動にインプットする労力の大きさを m_1, m_2 とする.個別の労力の大きさを測定することは困難であるが,これらの活動が組み合わさって生じる $X = X(m_1, m_2)$ は客観的に測定可能である.関数 X は個々の労力に対する増加関数であると仮定する.すると,2人の個人がインプットすべき望ましい労力の水準は,以下

(3.3) $\quad X(m_1, m_2) - m_1 - m_2$

の(3.3)式を最大にする (m_1, m_2) の組み合せとなる.

仮に,この個人1,個人2が生産活動の遂行のために「契約」を結ぶと想定しよう.個々の労力に報いる形での契約は不可能なので,必然的に X の分け方を定める形の契約形態となる.しかしながら,この契約が上記で示した望ましい労力を提供するインセンティブを,双方に付与するとは保証できない.たとえば,一定割合で X を分け合う契約のもとでは,個人1が m_1 を増やすことで X を増加させたとしても,個人1の取り分は X への貢献分の一定率にとどまる.そのようであれば,個人1は自分の受け取り分に見合った労力しか提供しないであろう.

こうした状況(チーム生産)におけるモラルハザードを低下させるひとつの方法として,各主体の行動に対して活動の「監視」といった手段の有用性が示されている.まず,2人の個人に付け加えて(個人0と呼ばれる)3番目の個人を導入し,個人0に個人1と個人2の両者と契約を結ぶ権利を一括して与え

る状況を想定する．このとき個人0は契約関係を集権的に管理する役割を担う．加えて，この個人0に生産活動から生じる収益に対する残余請求権(residual claimant)を与える地位を付与するとしよう．残余請求権とは，Milgrom and Roberts [1992] によると，「すべての債務を清算した後に残った資産所得(残余利益)を受け取る権利」[11]と説明される．Alchian and Demsetz は，これとは多少ニュアンスが違うが「あらかじめ決められた生産量あるいは利益額を超える部分に対して，一定の取り分を有する権利」といった意味で使用している．

　ここでの枠組みでいうと，実現された X のうち契約にしたがって個人1と個人2に支払われた残りを自分のものとする権利である．「残余請求権」を保持することで，個人0はできるだけ少ない個人1と個人2への支払いのもとにできるだけ大きな X を実現する契約関係を構築するインセンティブを持つ．個人0は，個人1と個人2の活動を監視することで，それぞれに適切な貢献を促すと同時に，その貢献に見合った支払いをする契約関係を実現しようとするであろう．このとき監視費用が別途必要にはなるが，上で説明したようなフリーライダー問題は解消できるであろう．フリーライダー問題解消の利益が監視費用を上回るならば，集権的契約構造と残余請求権の存在によって特徴づけられる生産組織は価値を生み出すことになる[12]．さらに，個人0の所有する残余請求権を譲渡可能とし，市場性をもたせれば，個人0の監視努力を具体的な市場価格に反映させることもでき，個人0に適切な監視活動のインセンティブを与える効果を持ち得る．

　この監視とは，ある企業組織の個人従業員0が，他の個人1あるいは個人2に命令を下す権利をルールによって保証されているとき，個人0は，個人1，個人2を監視しているという．

　このように，取引には，市場あるいは流通チャネル，どちらにおいても，固有の費用としての「取引費用」が発生する．市場取引に際し，メーカーならびに流通業者には，価格だけでなく取引相手の探索から取引条件の交渉・決定，

さらには取引契約の履行監視に至る一連の取引費用が生じる．また，経営者が自分で従業員を雇い入れる場合にも，求人広告を出したり，応募者を面接したり，労働契約を締結したり，労働条件の交渉をしたり，その後，監視したり，といった雇用にまつわる費用などが生じる．

この取引費用の内容に関して，Coase [1937] に続き Coase [1960][14] の中で具体的に言及されている．まず，はじめて取引が開始される場合を想定し，(1) 相手を探し出すための費用（探索費用），(2) 探し出した後，どのような相手かを吟味する費用（調査費用），(3) 取引開始前段階における条件を相互に出し，それを検討する費用（交渉費用），(4) 交渉成立時，内容確認し，契約を交わす費用（契約費用），をあげている．

なお，Coase [1937] [1960] は，取引主体が選択する取引の規定因として，取引費用の概念を導入した点に関して高い評価を受けているが，遺憾なことに，彼においては，取引における構造と過程，およびそれらから導かれる取引費用の発生原因について言及されていない．それを示したのが次節で検討する Williamson である．

第3節　Williamson の所説

1　垂直的統合と取引費用

Coase を継承した Williamson [1975] [1985] の『取引費用パラダイム (Transactional Paradigm)』は，新古典派が捨象した現代企業形態としての「垂直的統合」を研究対象とし，そこに取引費用概念をあてはめてみせる[14]．

そして，新古典派の枠組みでは捉えきれない「取引費用」という視座から，一切摩擦がない市場取引を基盤とする価格メカニズム第一主義に異を唱える．

その意味でこの理論にいう,「市場の失敗(market failure)」とは,ただ単に市場取引にうまく乗らない公共財や外部性処理を超え,市場を利用する際,不可避な「取引の困難性(transactional difficulty)」から論じられるのであり,前者における「市場の欠落」を論じるのではなく,まさに「市場の失敗」を論じようという意図がある[15].

　取引費用パラダイムの出発点は,Coaseも述べたように,人間が持つ将来に対する予見の不完全性にある.将来に対する予見の不完全性とは,契約という形式だけでは意図する取引が必ずしも実現できるわけではないことを意味している.つまり,市場取引が完全であるためには,将来に起こり得ることを現在時点の契約にすべて明記しておかなければならない.しかしながら,人間の持つ将来に対する予見の不完全性のもとで,そのような「完全条件付取引契約」(completely contingent claim contract)を作成することは不可能であるうえに,莫大な費用を要するものである.あるいは,たとえ複雑な契約を作成したとしても,その契約通りに取引が実現される保証は必ずしもない.予期せぬ事態に照らして契約内容を見直すことは当然にあり得ることであり,しかしその場合に,自己に有利となるように状況を解釈し,契約の変更を迫り,利害の対立から契約が破棄されることもまたあり得ることである.要するに,市場取引は不完全なものであり,将来が不確実であればあるだけ,取引相手の行動が不確実であればあるだけ,それは不完全なのである.こうして,彼は取引費用パラダイムの視座から「市場の失敗」を主張した.

　また,取引費用パラダイムからすれば,企業はこの市場取引の不確実性を回避するために,市場取引を内部化するとする.たとえば,Coase [1960] で描かれた企業組織の本質とは,まさにこのような視座から内部組織化された「市場取引の束」と捉え返すことができる.前節で示した労働力市場に対する固定的な長期雇用関係,あるいは原材料・中間財市場に対する契約関係や垂直的統合は,いずれも経営資源の調達をめぐる不確実性と取引費用を回避し,節減す

るための仕組みにほかならない．こうして市場取引から隔離され，それ自身に市場取引を包摂したところに，この理論が概念化される．

　もちろん，このような意味で概念化された企業の組織規模とその形態は，当然，Williamson 的視座から市場取引の不完全性に対し条件適応(contingent)的性質のものとみなされることになる．そこで Williamson が示した重要なことは，Coase が説明しえなかった「取引費用が発生するその取引状況」を特定化することにあった．

2　取引参加者数と取引費用曲線

　Williamson の最大の貢献は，Coase においては不明瞭であった取引における構造と過程を明らかにし，もって取引費用の発生原因を明示した点にある．

　Williamson のいう「取引費用が発生するその取引状況」には，「取引の困難性」が密接に関係してくる．彼は取引の困難性を，「人間の諸要因」と「環境の諸要因」の2つに峻別する．そして「人間の諸要因」としての(1) 限定された合理性(bounded rationality)，(2) 機会主義(opportunism)，「環境の諸要因」としての(3) 不実性・複雑性，(4) 少数性，という4つの程度に対して取引は，条件適応的とされる[16]．また，Williamson [1975] [1985] は，「雰囲気」の概念に対し明確な定義づけを行ってはいないが，各統御機構独自の非金銭的な機構特性を示す言葉と考えられている[17]．

　ここにいう(1)「限定された合理性」とは，Simon の概念を援用したもので，人間は，主観的には合理的であると意識していても，その程度は限られているということを示している．具体的には，神経生理学的な諸限界(neurophysiological limits)と言語上の諸限界(language limits)がある．前者は，誤ることなく情報を受け取り，貯蔵し，検索し，そして処理するという諸個人の能力が，速度(rate)と所蔵容量(storage)の点で，限界があるということを示している．後者

は，諸個人が，自分の知識や感情を，他人に理解してもらえるように，言葉，数字，あるいは図表を用いて正確に表現する能力に限界があるということを示している[18]．(2)「機会主義」とは，人間の駆引きの戦略・戦術（すきあらば他人を出し抜こうとする傾向・嘘をついたり，怠けてしまう傾向）を示しており，自己利益を追求するにあたって，情報を戦略的に操作するなど，狡猾的に行動するということを意味している[19]．たとえば，メーカーと流通業者間においては，流通業者が欠品処理と称して，ブラック市場へ製品の横流しを行ったり，遅配などが考えられる．重要なことは，取引主体には合理性に限界があるために，取引相手の「機会主義的行動」を予測することが不可能であるということである．

　この取引の困難性は，(1)が(3)と結合し，また(2)が(4)と結合するその結合の組み合せによって規定されるとする（図表3-4を参照されたい）．とりわけ，(4)

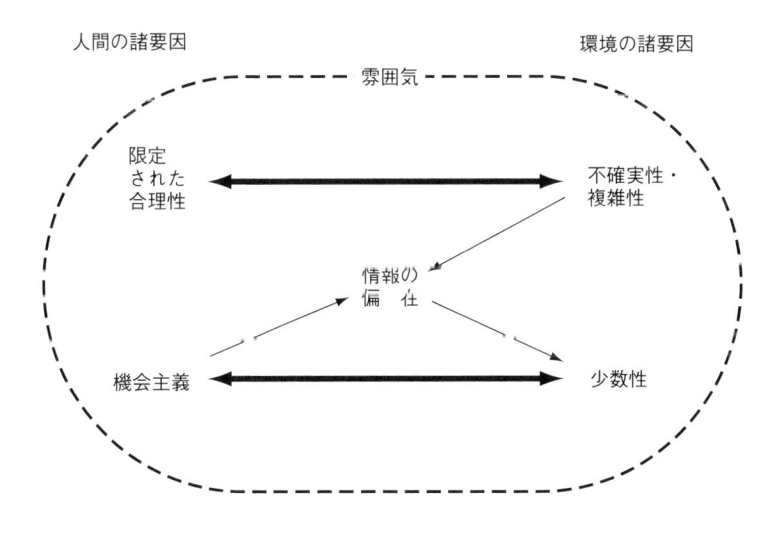

図表3-4　Williamsonの枠組み
(出典) Williamson [1975] 邦訳，p.65.

の取引参加者数(潜在的な取引参加者数を含める)の指標は，市場と流通チャネルの限界代替性を明示する取引費用関数を表現するのにも有益となる．もちろん，具体的な取引費用曲線の形状は多様であるが，取引参加者数の関数として取引費用をみる場合，以下の一定のパターンを示すものと考えられる．

まず，チャネル取引参加者数に，市場取引の取引費用曲線の形状は影響される．

完全市場では，取引費用はゼロに近似し，唯一のものとして市場取引が行われるが，実際の不完全市場においては，チャネルでの取引代替者数が多数であればあるだけ，その分，取引費用は下降することになる．他面，チャネルの内部取引の取引費用曲線は，チャネルへの取引参加者数の増大に従って，コントロールロスを償うコーディネーション費用としての取引費用は増大する．

チャネルへの取引参加者数の関数としてモデル化した取引費用曲線が，図表3-5と図表3-6である．チャネルでの内部取引(内部取引費用)をM，市場

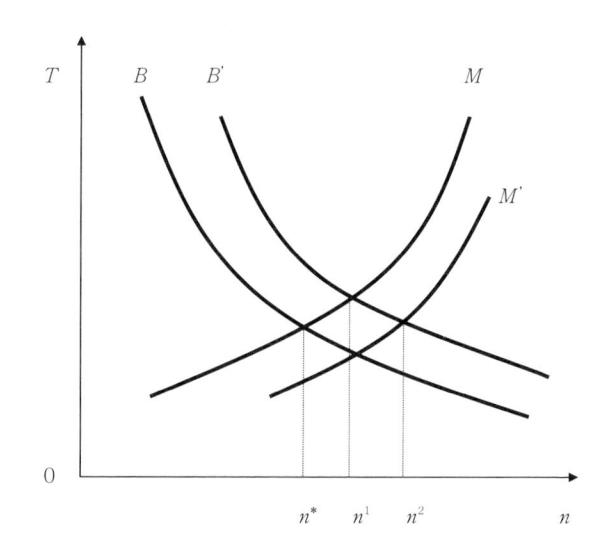

図表3-5 取引費用曲線と取引参加者数

取引（外部取引費用）を B，企業の内部組織化の規模を On^* と仮定する．市場の動態化（$B \to B'$ ＝チャネルへの取引参加者の増大）によって，流通チャネルの内部化の規模も On^1，On^2 と拡大する．

　流通チャネルにおける多数参加者の調整に従って増大するコーディネーション費用の比重を大きく評価した帰結が図表3-5である（縦軸が取引費用，横軸がチャネルの取引参加者数）．また，図表3-6は，流通チャネルにおける取引参加者の固定化によって，長期継続取引ないし同一職務の繰り返し，および学習効果が表れ，そこから招来される取引代替可能者数の減少，および当事者間の取引費用下降を示したものである．そこでは，長期継続取引の合理性を評価し，M 曲線は B 曲線より低く，徐々になだらかとなる．

　またこの図表3-5では，実際の被調整取引参加者の増加を示している．そして，図表3-6では潜在的なチャネルでの取引参加者の減少局面を示している．

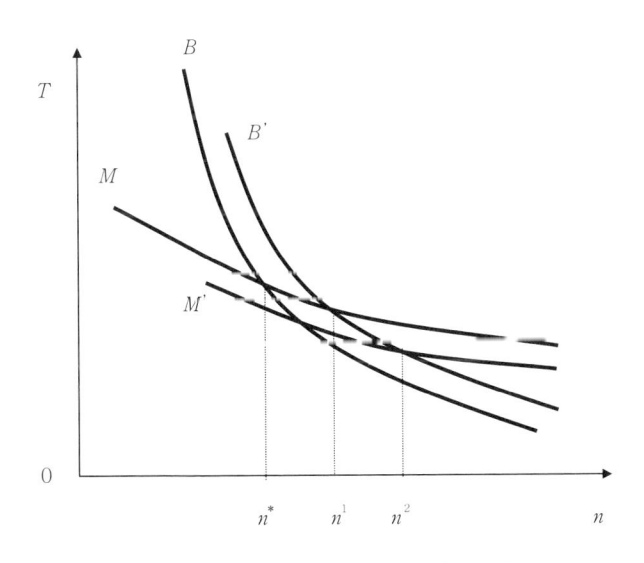

図表3-6　潜在的取引参加者数の減少局面

Williamson の『取引費用パラダイム』において，チャネルでの取引参加者数は枢要な指標となる．その「取引参加者数」の固定化を導くのが，次項で説明する「関係資産特殊性(asset specificity)」という概念である．この問題こそがホールドアップ問題とも大きく関わってくるものである．

3 関係資産特殊性と取引費用曲線

「関係資産特殊性」とは，前述のチャネルでの取引参加者の固定化を招来する根拠ともなるもので，Williamson［1975］［1985］の理論体系の中でも，非常に重要な概念とされている．これは，ある特定の取引の目的のためにどの程度まで不可逆的な選択や投資がなされているかを示す概念であり，それは，以下の4種類に区分できる．

(1) 人的資産特殊性(human asset specificity)：特定の職場において経験・学習などで習得されていく当該職場に特に通用する人的な熟練など．
(2) 物理的資産特殊性(physical asset specificity)：部品を生産するために要請された特定の鋳型など．
(3) 立地的資産特殊性(site specificity)：在庫や輸送の経費を節減するために連続的な生産工程を相互に近接して位置づけることなど．
(4) 専用化された資産(dedicated asset)：特定の顧客のために拡張された生産能力への多大な投資など．

関係資産特殊性の投資を行っている状況において，すべての取引を特定の市場取引に委ねると，もし不測の事態が生起したときの相手の「機会主義的行動」に対してホールドアップ(hold up)状態になるので，それを防ぐために流通チャネルを内部組織化をするというのが，垂直的統合の論拠であった．

つまりこれが，ホールドアップ問題を解消するためのひとつの手段として垂直的統合をとらえる Williamson［1975］［1985］［2000］や Klein, Crawford and Alchian［1978］らによって提示されている視座である．

ホールドアップ問題も，関係資産特殊性投資による内部と外部の取引効率性の差となる準レント（quasi-rent）をいかに配分するという問題を，完全契約できないことにその原点がある[20]．その場合，必然的に所有資産の使用法等の決定権を利用して，相手により多くのレントの分配を迫る「機会主義的行動」が生まれる危険がある[21]．たとえば，個別メーカーに関してしか価値のない情報システムの導入を，流通業者が求められるならば，その後，取引で足元をみられることを危惧して，流通業者による投資が過少となる場合などである．その意味では以下の仮説が成り立とう．

仮説：
「完全条件付取引契約（completely contingent claim contract）を作成することが不可能な状況下，関係資産特殊性を要す場合，取引関係が市場取引から垂直的統合へシフトする[22]．」

Riordan and Williamson［1985］によるこの仮説は，数式モデルで示されたものではないが，多くの実証的研究によって高い支持を得ている．実証的研究は，垂直的統合と関係特殊性資産の規模との間に有意性を析出し，この仮説の検証を行っている[30]．この仮説検証に用いられる分析手法は，通常，以下のようにまとめられよう．

仮に，流通チャネルの内部化にかかる費用を C_M，特定の取引における費用を C_B，とする．もし $C_M < C_B$ であったならば，市場取引は行われず，流通チャネルの内部取引が行われる．逆に $C_M > C_B$ であったならば，流通

チャネルの内部取引は行われない．ここでもし仮に，取引費用の独立変数を，(1)関係資産特殊性の大きさ R，(2)取引の不確実性の程度 T，だけに限定した条件を設定したとしよう．従属変数となる費用とそれを決める要因との関係を以下の線形モデルで定式化できる[24]．

$$(3.4)\quad C_B = x_B + y_B R + z_B T + \varepsilon_B$$
$$(3.5)\quad C_M = x_M + y_M R + z_M T + \varepsilon_M$$

なお，コーディネーション費用にランダムな影響を付与する要因を $\varepsilon i\,(i = B,\ M)$ とし，ε_i は，それぞれ正規分布 $N(0,\ \sigma_i^2)$ に従うと仮定する．

この線形モデルの変数に関連する関係として先の仮説を示すことが可能となる．

(1) $x_M > x_B$ は，低い関係資産特殊性で，なおかつ不確実性の程度が低い場合，相対的に市場取引が望ましいことを示す．
(2) $\max\{0,\ z_M\} < z_B$ は，不確実性が高い取引であればあるほど市場取引の費用は上昇する．また，C_M へ与える以上のインパクトを持つ．
(3) $\max\{0,\ y_M\} < y_B$ は，関係資産特殊性が上昇するに伴って市場取引におけるコーディネーション費用は上昇する．また，C_M に与える以上のインパクトを持つ．

このような関係資産特殊性は，契約更新以前には，多数のチャネルへの取引参加者がいたとしても，契約更改にあっては，チャネルへの取引参加者の代替可能性を小さくする．つまり潜在的チャネル取引参加者の固定化（および少数化）を導くと同時に，チャネルでの内部取引においては，コーディネーション費用を節減させることとなる[25]．

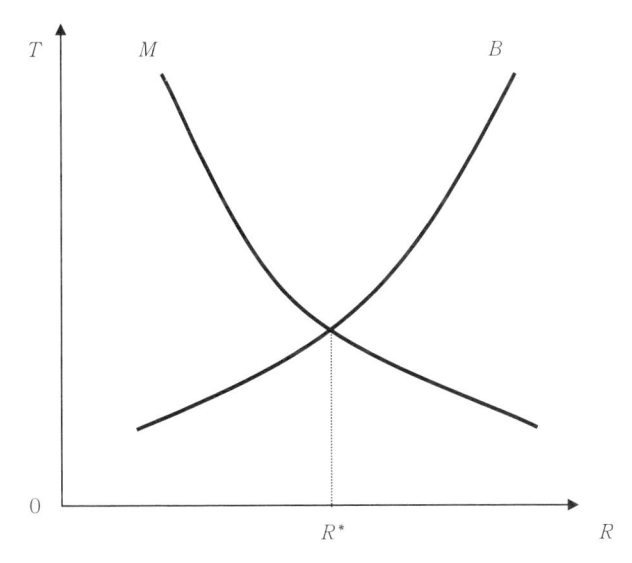

第3節 Williamsonの所説　59

図表3-7　取引費用曲線と関係資産特殊性

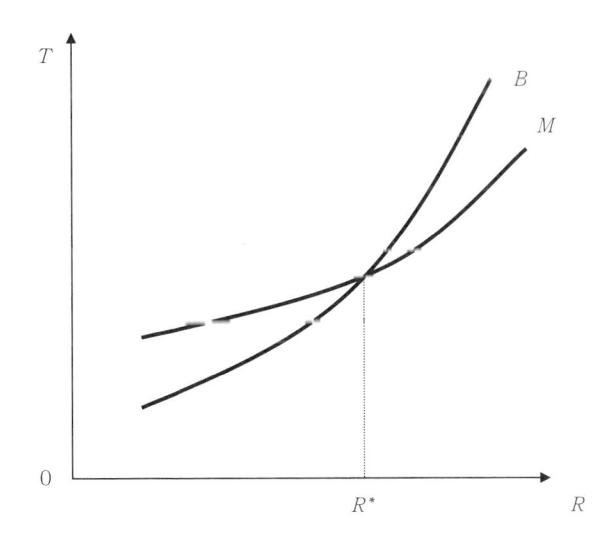

図表3-8　取引費用曲線と関係資産特殊性（レア・ケース）

関係資産特殊性の関数としてモデル化した取引費用曲線が，図表3-7と図表3-8である[26]．図表3-7・図表3-8においては，図表3-5・図表3-6と異なり，B線とM線の傾きが逆になる．関係資産特殊性が高まるにつれて，市場を利用した場合の取引費用が上昇する一方，流通チャネルの内部の取引費用が相対的に節減することを示したものが，図表3-7である．また，図表3-8で示されるように，流通チャネルの内部取引においても，関係資産特殊性が高まれば，その関係資産の特殊性の要請をさまざまな生産活動の局面でその都度，整合させていくための費用が上昇するレア・ケースもある．むろん，B線の勾配よりもM線の勾配の方が緩やかなため，関係資産特殊性が高いと垂直的統合，低い場合は市場取引という基本に変わりはない．

以上，「ホールドアップ問題」と大きく関係してくる「関係資産特殊性」の概念を考察した．

所定のチャネルへの取引参加者が関係特殊性資産に相当程度投資しているような状況にあって，市場取引を行っていたとすれば，契約更改時点においては，取引費用が相当程度かかることから，当該取引費用を節減しようとして，「中間組織内取引」（所有権の統合には至らない準内部組織），さらには「内部組織内取引」（所有権も内部化）へと，その取引を移行していく．流通の系列化は「中間組織内取引」を指す．換言するならば，関係特殊性資産に投資している程度に応じて，各取引主体はその流通チャネルを選択していることになる．

これまでの Williamson [1975] [1985] の見解を，いま1度強調し，再度確認しておきたい．つまり，メーカーが流通業者との間で選択する取引から考察・検討するならば，メーカーは，その関係特殊性資産に投資している程度が高まるにつれて，取引費用の節減を図り，流通業者との間での取引を，市場取引から中間組織内取引（流通チャネル内取引）へ，さらには内部組織内取引へと移行させていることになる．

以上，われわれは取引費用に関する Williamson の所説を本書の分析に必要

な限りで要約してきた．次に，マーケティング論において留意されるべき取引費用パラダイムのいくつかの論点に論及したい．

第4節　マーケティング論における取引費用パラダイム

　以上，Williamson の理論枠組みを，ここまでの第3章では，(1)垂直的統合と取引費用，(2)取引参加者と取引費用，(3)関係資産特殊性と取引費用，の3つの項に落とし込んで検討してきた．その理論的帰趨は Williamson の理論枠組みを下敷きとし，流通部面での「垂直的統合」の費用効率を商業利用の流通システムに比較して検証しようとする「流通チャネル論」での近年の志向[27]にも，その影響を窺うことができる．

　それでは，Williamson の提示したこの『取引費用パラダイム』は，流通面のみならず，マーケティング現象の分析枠組みとして適確性を保持しているといえるのであろうか．『取引費用パラダイム』において，流通チャネルは1つの取引形態として把握され，取引の内部化に付随する取引費用が，市場取引かチャネル内取引かの選択をする際，枢要な役割を果たしていた．

　そこにおいては，さまざまな取引形態のもとでの人間の諸要因や環境の諸要因が，取引の効率性にどのような影響を与えるかということに焦点が当たっていた．そして市場取引と比較して，取引のチャネル内部化にさほど費用がかからない場合，メーカーは，流通業者に対する包括的で直接的コントロールを示唆する垂直的統合 (vertical integration) を選ぶというものである．このような，メーカーによる垂直的統合は，マーケティング論の本来のテーマたる「主体的な対市場活動」[28]と合致する．その意味で『取引費用パラダイム』は，マーケティング論において，その存在を顕示している．

新古典派の前提は，市場の参入・退出の自由にあるが，他方，『取引費用パラダイム』にみられる流通系列化という「囲い込み」は，田村正紀［1971］のいう「対市場活動」となる．前者が，ほぼ一貫して価格の重要性を強調し，非価格の意義を極小化してきたのに対し，後者は単に製品の価格のみならず取引費用に強い関心をもってきたといえる．

その意味で，Bonoma, Bagozzi and Zaltman［1978］や嶋口充輝・石井淳蔵［1998］では，マーケティング論における3つの主要パラダイムの1つ「交換パラダイム」に「取引費用パラダイム」を位置づけ，その論理的一貫性を支持している（図表3-9を参照されたい）[29]．また，マーケティングの主要対象となる流通チャネル論においても，矢作敏行［1997］で言及されているように，取引費用的論理を前面に押し出し，垂直的統合に対する1つの説明を準備したWilliamsonの『取引費用パラダイム』に対しては評価が高く，その後，Heide and John［1990］やLohtia and Krapfel［1994］，Sriram, Krapfel and Spekman［1992］によっても「関係性パラダイム」との関係も鑑み，独自に理論的展開が進んでいる[30]．

しかしながら，「対市場活動」としてのマーケティングとは，何も垂直的統

	① 刺激―反応パラダイム	② 交換パラダイム	③ 関係性パラダイム
A. 分　析	プロモーション	4Pマーケティングミックス	関係性マネジメント
B. 取引方向	一　方	双　方	一　体
C. 時　間	短	短・中	長
D. 関　係	統　制	適　応	共進・共創
E. 主　体	売り手	買い手	双　方
F. 買い手	反応者	価値保有者	パートナー

図表3-9　マーケティング論の基本パラダイム

出典）Bonoma, Bagozzi and Zalman［1978］を大幅に加筆修正し訳出．

合のような取引対象の特定化だけに限定されるものではない．たとえば，顧客価値の創出としてのブランド付与による品質保証などの「製品差別化」なども当然，マーケティングの主要研究対象に入ってくる．マーケティングの目的とは，企業が顧客の高い主観的評価をつくるために主体的・戦略的に「対市場活動」を行うことである．しかし，これらを論じる術を Williamson の提出した「取引費用パラダイム」は持っているとはいえない．その意味で市場の構造を市場過程の与件として扱う取引費用パラダイムの限界が指摘されよう．

たとえば，新古典派において，企業は，与えられた市場条件と技術的条件の下で，どの投入物を用いてどの産出物をいくら産出するかを決める．与えられた条件のもとで，企業はどのような決定を下すか．またその変化に対して，企業はどのように反応するか．こうした問題が，その分析の主たる研究課題である．そこでは，企業が誰によって構成され，どのような戦略を行うのか，といった問題は捨象されている．Williamson の理論は，この新古典派を乗り越えようとする試みであったが，新古典派で説明されえなかった領域に対する説明に終始し，結果として新古典派内にとどまり，その視点からの説明となった．

その意味で，『取引費用パラダイム』も，新古典派と同型的な問題を内包していると理解されよう．つまり，取引費用節減を命題とし，その費用は基本的に，人間の諸要因と環境の諸要因から一義的に産出される．しかしながら，マーケティングとは，流通チャネルの形成，製品差別化，参入・退出障壁の形成などを意思決定のための「与件」として扱うのではなく，操作しうる戦略変数として扱い，「対市場活動」として，流通チャネル形成はもちろん，顧客価値の創出なども研究対象とする．

その意味で，顧客の価値と満足を高めながらその価値を追求するマーケティングが「対市場活動」として重要となる．そこでは市場を，(1)マーケティング，(2)その影響を受ける顧客，という2つの相互作用のコンタクトポイントとして認識されている．換言すれば，顧客価値の創出を行うマーケティングは

静態的な所与の市場観を完全否定し,市場とはあまたの戦略が入り乱れる不確定な場と認識するものである.その認識によって,市場は所与として定められるものではなく,マーケティングに基づく戦略の結果により,可変するコンタクトポイントと理解されるのである.その意味で,「取引費用パラダイム」と「マーケティング論」の位置づけは,産業組織論における「S-C-P(構造―行動―成果)論」と「戦略的行動論」,あるいは組織論[31]における「環境決定論=受身的」と「環境選択論=主体(戦略)的」と同型の構造を持っているといえるだろう.その点で,産業組織論のアプローチが今後,重要性を帯びてくるものと考えられる.

また,現実の複数チャネル間の競争を鑑みるならば,たとえ垂直的統合に取引費用かからない場合でも,寡占的メーカーはチャネル間での競争を緩和するために流通業者としての卸売業者や小売業者を分離(separate)することがある.ここで重要な役割を果たすのは,市場取引と比較したチャネル内での取引費用でなく,同一チャネル内の長期継続的な「関係性」と複数チャネル間の「競争」となる.次に第4章で「関係性」,第5章で「競争」について考察・検討する.

注

1) マーケティングにおける主要パラダイムは,①刺激・反応パラダイム,②交換パラダイム,③関係性パラダイム,という流れの中で捉えられ,「取引費用パラダイム」は,②交換パラダイムに位置づけられる.(Bonoma, Bagozzi and Zalman [1978] The Dyadic Paradigm with Specific Application Toward Industrial Marketing, Bonoma, and Zaltman [1978] Organization Buying Beharior, American Marketing Association. 嶋口充輝・石井淳蔵 [1998]『現代マーケティング:新版』有斐閣,pp.8-15,中田善啓 [1991]『マーケティングと組織間関係』同文舘,pp.3-8.)

2) Williamson [1975] Markets and Hierarchies: Analysis and Antitrust Implications, *A Study in the Economics of Internal Organization*. (浅沼万里・岩崎晃訳 [1980]『市場と企業組織』日本評論社), Williamson [1985] *The Economic Institutions of Capi-*

talism, New York, Free Press.
3) Etgar [1976] Effects of Administrative Conrol on Efficiency of Vertical Marketing Systems, *Journal of Marketing Research*, Vol.13, No.1, pp.12-24, Kotler [1978] Marketing Management.（稲川和男ほか訳［1979］『マーケティングマネージメント』東海大学出版会）では，これを「垂直的マーケティング・システム」と呼び，垂直的統合の流通チャネルを単なる自社製品の流通経路としてだけでなく，流通チャネル・システム，あるいはマーケティング・チャネル・システムとして機能させ管理する必要性を説いた．これらに端を発して，取引費用パラダイムはマーケティング論において盛んに研究されるようになった．現代ではチャネル研究における中軸といってよいほどの活況を呈している．たとえば，取引費用の視角からマーケティング論において行われた実証研究のレビューとして，Rindfleish and Heide [1997] Transaction Cost Analysis : Past, Present and Future Applications, *Journal of Marketing*, Vol.61, No.4, pp.30-54. がある．その他，Anderson [1985] The Salesperson as Outside Agent or Employee : A Transaction Cost Analysis, *Marketing Science*, Vol.4 No.3 pp.234-254. John and Weitz [1988] Forward Integration into Distribution : An Empirical Test of Transaction Cost Analysis, *Journal of Law Economics and Organization*, Vol.4 No.2, pp.121-139 を参照されたい．
4) Spence [1975] The Economics of Internal Organization: An Introduction, *The Bell Jounal of Economics*, Vol.6, No.1, Spring, pp.163-172.
5) North [2000] Understanding Institutions, Menard (ed.), *Institutions, Contracts and Organizations*, Northampton, M.A., Edward Elgar Publishing, Inc., pp.7-10.
　Williamson [2000] The New Institutional Economics: Taking Stock and Looking Ahead, *Journal of Economic Literature*, Vol.38, No.3, pp.595-613.
　Klein, Crawford and Alchian [1978] Vertical Integration, Appropiable Rents and the Competitive Contracting Process, *Journal of Law and Economics*, Vol.21, pp.297-326.
6) Coase [1937] The Nature of the Firm, *Economica*, Vol.4, No.16, pp.386-405, reprinted in *the Firm, the Market, and the Law*, paperback edition, Chicago, IL, University of Chicago Press, 1990, pp.33-55.（宮澤健一・後藤晃・藤垣芳文訳［1992］「企業の本質」『企業・市場・法』東洋経済新報社，pp.39-36)
7) ここにおいて，市場とは，「(α) と (β) の間の中間生産物取引の場」となり，企業組織 (α) とは，「①と②の生産活動を結びつける媒介機能」，企業組織 (β) とは，「②と③の生産活動を結びつける媒介機能」となっている．
8) Coase の関心はまた，雇用契約に対して向けられた．つまり，それが一時的な契約取引ではなく，長期雇用契約の形をとるという点である．この長期雇用契約によって，

(1) 一時的な契約取引の度ごとに発生する取引費用は節減でき，(2) 環境条件の変化に応じて雇用された労働の適切な内部配置も可能となる．(2)の長所を含めて一般に費用節減的というならば，このように企業はその経営資源を長期雇用契約によって取引することから，費用節減的という意味での効率的な生産を可能とする．

9) 取引費用に基づく企業の境界は，ケイパビリティアプローチからの修正あるいは補完が求められはじめている理論的潮流がある．これに関連し，たとえば垂直的マーケティング・システムのチャネル主導の決定要因を，メーカーによる「独占」にではなく，ケイパビリティの有無に求める成生達彦[2001]「チャネルの競争優位と製販提携」新宅二郎・浅羽茂編『競争戦略のダイナミズム』日本経済新聞社，pp.141-168を参照されたい．

10) Alchian and Demsetz [1972] Production, Information Costs, and Economic Organization, *American Economic Review*, Vol.62, No.5, pp.777-795.

11) Milgrom and Roberts [1992] *The Economics, Organization and Management*, Prentice Hall.（奥野正寛・伊藤秀史・今井晴雄・西村理・八木甫訳［1997］『組織の経済学』NTT出版, p.668.）

12) この契約形態の価値は，Holmstrom [1982] Moral Hazard in Teams, *Bell Journal of Economics*, Vol.13, pp.324-340によると，個人Oが監視をするしないにかかわらず，結果を2個人に出させる共同責任契約によって，Xに対する「残余請求権」を認めるだけで発生するとしている．

13) Coase [1960] The Problem of Social Cost, *Journal of Law and Economics*, Vol.3, October, pp.1-44, reprinted in *The Firm, the Market, and the Law*, paperback edition, Chicago, IL, University of Chicago Press, 1990, p.114.（宮澤健一ほか訳［1992］前掲書, p.131.）

14) Williamson [1985] の取引費用パラダイムは，企業の適応型行動としての「垂直的統合」の形成について，1つの有力な説明論理を与えているといえよう．またこの1985年論文では，これまでの2分法を3分法に拡張し，「① 市場取引」以外の企業による取引の内部化は，所有権それ自体から内部化する「② 内部組織」と所有権の統合には至らずとも準内部組織的取引となる「③ 中間組織」があるとした．流通の系列化は，この「中間組織」に合致することとなる．

15) なおここで，「市場の失敗」「市場の欠落」に続いて，「市場の欠陥」についても言及しておく必要がある．「市場の欠陥」とは，市場の機能が社会的実践の圧力あるいはその規範に反する行動等々により制限され，機能不全となる状況のことである．たとえば，市場における業者間の「談合入札」，監督官庁の官僚と業界ないし業者との「癒着」，金融機関による特定投資家に対する「損失補填」等々，インモラルな事象がそれを示している．これは，機能自体に欠陥が存在するのでなく，その機能が相殺さ

16) なお，(2)(3)(4)を生み出す要因のひとつを Williamson [1985] は，「情報の偏在」（information impactedness）にみる．また，この取引費用が発生する取引状況に関する説明としては，万仲脩一 [1989]「取引費用の経済学」『商大論集』第40巻，第16号，p.30 が詳しい．
17) 井上薫 [1994]『現代企業の基礎理論：取引コストアプローチ』千倉書房，p.56．
18) Williamson [1975] *op.cit.*, pp.21-22, 邦訳 pp.37-38．
19) Williamson [1975] *op.cit.*, pp.26-27, 邦訳 pp.44-45．
20) 所定のチャネルへの取引参加者は，再度，取引相手と取引を行わざるをえないが，時代とともに関係資産特殊性の価値が失われるように，投資がサンクされる可能性が高い場合もある．この場合，取引相手から取引をキャンセルされても，投資費用が回収できないために，そのホールドアップリスクを恐れ，投資が不十分にしか行われないことがある．
21) ホールドアップ後の契約更改過程での取引の非効率性もある．つまり，取引内容に関して，長期の契約更改の交渉が続く場合，現行の企業活動が困難な状況が続き，逆に莫大な費用が発生する．そこでは，契約後のホールドアップリスクに対抗して，何等かの仕組みを費用をかけてつくる必要がある．
22) コーディネーション費用と生産費用の両費用を鑑みた費用関数をもつ企業モデルによって，この仮説を説明しているものとして，Riordan and Williamson [1985] Asset Specificity and Economic organization, *International Journal of Industrial Organization*, Vol.3, No.4, pp.365-378 が参考になる．
23) これらの一連の実証的研究をサーベイしたものとして，Shelanski and Klein [1995] Empirical Research in Transaction Cost Economics: A Review and Assessment, *Journal of Law, Economics and Organization*, Vol.11, No.2, pp.335-361 をあげておく．
24) 柳川範之 [2002]『契約と組織の経済学』東洋経済新報社，pp.177-202，津曲正俊 [2001]『契約と組織の理論』二菱経済研究所，pp.126-146，伊藤秀史 [2003]『契約の経済理論』有斐閣，pp.108-140 を参照．
25) 逆に，市場取引費用を上昇させることになる．
26) 曲線の形状，勾配も単純化して示している．
27) 浅沼萬里 [1997]「日本におけるメーカーとサプライヤーとの関係」『経済論叢』京都大学経済学会．中田善啓 [1982]『流通システムと取引行動』大阪府立大学経済学部，pp.25-45．
28) 田村正紀 [1971]『マーケティング行動体系論』千倉書房，p.11．
29) 嶋口充輝・石井淳蔵 [1998] 前掲書 pp.10-13．
Bonoma, Bagozzi and Zaltman [1978] *op.cit.*

30） 矢作敏行［1997］『現代流通：理論とケースで学ぶ』有斐閣, pp.49-69.

Heide and John [1990] Alliances in Industrial Purchasing: The Determinants of Joint Action in Buyer-Supplier Relationships, *Journal of Marketing Research*, 27, pp.24-36.

Lohtia and Krapfel [1994] The Impact of Transaction-specific Investments on Buyer-Seller Relationships, *Journal of Business & Industrial Marketing*, 9(1), pp.6-16.

Sriram, Krapfel and Spekman [1992] Antecedents to Buyer-Seller Collaboration: An Analysis From the Buyer's Perspective, *Journal of Business Research*, 25, pp.303-320.

31） Astley [1983] Collective Strategy, *Academy of Management Review*, Vol.8, No.4, p.580.

第4章　関係性パラダイムの構造

　第3章でみてきたように「取引費用パラダイム」において，流通チャネルは一つの取引形態として把握され，取引の内部化に付随する費用が市場取引かチャネル内取引かの選択をする際，枢要な役割を果たしていた．そこにおいては，さまざまな取引形態のもとでの人間の諸要因や環境の諸要因が，取引の効率性にどのような影響を与えるかということに焦点があたっていた．そして市場取引と比較して，取引の内部化にさほど費用がかからない場合，メーカーは，流通業者に対する包括的で直接的コントロールを示唆する垂直的統合(vertical integration)を選ぶというものである．取引の内部化にはその所有権そのものから内部化する「内部組織」と，所有権の統合にまで至らずとも，準内部組織的取引となる「中間組織」がある．流通の系列化はこの「中間組織」に値しよう．

　他方，複数チャネル間の競争を鑑みるならば，たとえ垂直的統合に取引費用がかからない場合でも，現実の寡占的メーカーはチャネル間での競争を緩和するために流通業者を分離(separate)したり，チャネル外の企業と「戦略的提携」を行うことも多い．ここで重要な役割を果たすのは，市場取引と比較した同一チャネル内での取引費用だけでなく，チャネル外の企業との長期継続的な「関係性」とそれらをとりまく複数チャネル間の「競争」である．

　この「関係性」に関して，本章で検討する．しかし，この戦略的提携は，近年，現出した新たな形態のため，いまだに，マーケティング論では，その概念・特質

等に関しては，統一的見解が確立されたわけではなく，いわば，これから進展が期待されるところである．そこで，これをマーケティング論の新しい研究対象として位置づけ，検討する．まず，マーケティング論における従来の「チャネル論」を概観した後，続いて「関係性パラダイム」について論及する．なお，企業をとりまく近年の新たな「競争」に関しては，第5章で検討する．

第1節　チャネル論の先行研究

　流通現象において，近時，頻繁にみられるようになったものに，「戦略的提携」がある．この提携によって，情報流や物流効率化への共同投資，あるいは業務調整・情報共有を通じ，チャネル管理の合理化がはかられている．あるいは，PB (Private Brand) の共同開発なども見受けられる．前述の通り，これらは，「インターラクティブ・マーケティング」，あるいは「関係性マーケティング」ともいわれる．この戦略的提携によって，企業は，自らのチャネル外の企業と連合して，「競争(competition)」のみならず「協力(cooperation)」をも意図している．この戦略的提携の理論的検討の前に，これまでのマーケティング論における流通チャネル研究の先行研究をサーベイしておく必要がある．

1　パワー・コンフリクト論

　まず，流通チャネルに関する研究は，Butler を濫觴とし，Duncan, Converse 等の「チャネル構造選択論」として開始された後，Alderson [1957] が流通チャネル分析を OBS (Organized Behavior System) の観点からアプローチした[1]．同時期に Ridgeway [1957]，あるいは Mallen [1963] らは一つの組織形態の延長線上で，チャネル全体を把握する「拡張組織論」を提唱した[2]．

また Stern [1967] は，Parsons の社会システム論を援用し「チャネルシステム論」アプローチを展開した．このアプローチのもとで，企業間のパワー，コンフリクト，コミュニケーション，役割に瞠目し，チャネル構成員間の取引形態の分析を行う「パワー・コンフリクト論」が展開された[3]．

その後，「チャネルシステム論」の研究成果を批判継承した Stern and Reve [1980] は流通チャネルとその環境要因間の相互依存性に注視し，「政治経済アプローチ」を提示した[4]．

2 チャネル交渉論

わが国においては，これらの研究成果を摂取したうえで，インセンティヴと貢献の交換交渉に瞠目する「チャネル交渉論」が風呂勉 [1968] によって提唱され，以後，石原武政 [1982]，高嶋克義 [1994] 等によって展開されてきた[5]．

「チャネル交渉論」における，パワー (power) とは，当事者間の取引として理解される．たとえば，相手に対する依存度が相対的に強くなればなるほど，その相手に対する勢力が弱くなるとされ，その依存度は，

(1) 相手の要求を満たす自分の能力
(2) 相手が代替案を発見する能力

の2つの要因によって決まるものとされる．

これを流通チャネルにあてはめて構成されるのが，「販売依存度」と「仕入れ依存度」である．販売依存度とは，「メーカーがその製品の販売を特定の小売業者に依存する割合」であり，仕入れ依存度とは，「小売業者が商品の仕入れに際して特定のメーカーに依存する割合」である．それらは簡単に以下の式で表現される．

(4.1)　$m_{ij} = M_{ij} / M_i$　　　ただし，$M_i = \Sigma_j M_{ij}$
(4.2)　$d_{ji} = D_{ji} / D_j$　　　ただし，$D_j = \Sigma_i D_{ji}$

$M_{ij} = D_{ji}$ であるから

(4.3)　$m_{ij} / d_{ji} = D_j / M_i$

なお，m_{ij} は i の j に対する販売依存度，d_{ji} は j の i に対する仕入れ依存度，M_{ij} は i の j への販売額，D_{ji} は j の i からの仕入額，M_i は i の販売総額，D_j は j の仕入れ総額を示している．

ここでは，依存度格差は規格格差の逆数となるものと考えられ，したがって，フルライン化した全国市場をもつメーカーや，取扱い品目を拡大しながら多店舗展開を繰り広げる小売業者は，より大きな勢力をもつことになる．もとより，こうした依存度のみに焦点が当てられるわけではなく，チャネルパワー論は，実際の「ブランド」のプル効果や戦略的市場地域におけるシェアといったさまざまな要因にも光を当て，その取引を考察した．

このアプローチをまとめると，メーカーと小売業の２面性として売買関係と代理関係の矛盾を強調することにある．すなわち，メーカーは小売業者に対し，一方では独立事業主へ販売するという関係をとることによって，最終市場での売れ残りリスクを小売業者へ転嫁し，他方で小売業者の意思決定をコントロールし，自社にとって有利になるよう制御しようとすることで，代理関係を組み入れる．いま１つの特徴は，メーカーと小売業の関係を２者間のダイアドだけでなく，双方の直面している競争状況および顧客との関係として捉えようとすることである[6]．つまり，２つの別の「マーケティング相互作用」と関連づけて捉える必要を示している．

ただし，顧客との関係を重視するというとき，それはメーカーのそれであり，小売業者のそれではない．小売業者の顧客への影響力，特に店舗へのロイヤリ

ティを適切に評価し,分析枠組みに取り込む必要があると思われる.

　系列によって,わが国企業のチャネルが特徴づけられていることは,マーケティング領域において周知であるが,そこにおける取引分析の基本的モデルは,たしかに風呂勉［1968］や石原武政［1982］,高嶋克義［1994］がいうように,市場を媒介とするメーカーと流通業者の間の交渉にあったとされよう.メーカーは,まず自社の利益を主張し,競争の条件が許すかぎり,流通業者に対し交渉の立場をとろうとしてきた[7]．

　近年は「チャネルシステム論」および「政治経済アプローチ」等を含め,従来のチャネル分析の欠陥が露呈し[8],戦略的提携を研究対象とする「関係性パラダイム」が抬頭してきている．

第2節　戦略的提携と関係性パラダイム

1　戦略的提携の背景

　「戦略的提携」への瞠目は近時のことだが,企業提携(corporate alliance)それ自体は以前より組織間関係論で扱われてきた研究対象である．それは,資本結合による合弁事業,資本結合を伴わない技術・業務提携,ないしは同一産業内における水平的結合か異種産業間における異業種提携,あるいは生産や流通の異種段階間における垂直的提携と,多様多岐に亘る．ここにおいて研究対象として検討するのは,異なる生産・流通段階間における戦略的提携についてである．

　この戦略的提携が現在,活発化している背景として,インターネットをはじめとしたICT革新とその普及があげられる．ICTは,低コストで情報処理でき,膨大な顧客データの個別管理を可能にしたという技術的側面だけでなく,情報共有がもたらす外部効果によって次章で示すように「競争」の形態に影響

を及ぼし，占有と共有をめぐる競争形態を転換させた．

　ICT 革新は，企業間関係を大きく変容させることとなったが，ここで留意すべきは企業間における情報流での「標準インターフェイス」の採用にある．本来，ICT の重要性に注目が集まるのは，とくに目新しいものではなく，その影響は昔も今も不可避なものである．しかし，従来のそれが，企業内で情報を占有するための仕組みであったのに対し，最近のそれは Web EDI (Electronic Data Interchange) などインターネット上での企業間の情報流を効率化するための仕組みとなっており，情報の分散処理が進展している．それにより，標準インターフェイスが，他企業との連携を可能とし，各企業はコア・コンピタンス（特定の事業分野）に経営資源を集中し，不得手な分野は他企業に補完させ，アウト・ソーシングを行うようになった．つまり，企業間の経営資源に補完関係がある場合，企業は成果を高めるため，単独行動するより他の企業と協力するほうが得策であり，提携はそのような関係にある複数の企業が協力するための企業間連結ということになる．そこにおける企業間の行動原理は，クローズドからオープンへと変化しているといえよう．

　このような ICT 革新が導いた企業間関係の変容によって，それを貫く産業の経済性も「規模の経済性」から「範囲の経済性」へ，さらには「ネットワークの経済性」へと変わりつつある．

　「規模の経済性 (economies of scale)」とは，「一つの製品についてある期間の間の生産量が大きくなると単位生産費用（平均費用）が減少していくこと」である．「規模の経済性」は図表 4-1 で表される（C は平均費用，x は生産量）．

　「規模の経済性」が生まれる理由はさまざまであるが，(1) 巨額の固定費用の存在，(2) 大規模技術の存在，以外に，原材料や物流サービス等のインプットの単位価格が，大量購入の場合，安価で可能となることがその要因として考えられる．たとえば大量購入による値引きなど，流通業での「規模の経済性」の背景には，この種の購入単価の低下がある．

「規模の経済性」の程度を表す1つの尺度が，規模の経済性の弾力性である．これは，生産規模が1％拡大すると単位費用は何％減少するか，という程度を示すものである．今，生産量をx，単位費用をyとして，単位費用関数を

(4.4) $y = f(x)$

とすれば，規模の経済性の弾力性をsで表せば

(4.5) $s = -(y/x) \cdot f'(x)$　　$f'(x)$は導関数

と書ける．sの定義式にマイナスがあるのは，$f'(x)$が負であることが多いので，弾力性の数値をプラスの数値として大小関係をわかりやすくするためである．

規模の経済性の弾力性が，生産量が変化しても一定の場合，「規模の経済の収穫一定」という．通常，規模の経済性の収穫は逓減するのが普通であろう．そして，生産量があまりに大きくなると，肥大化による非効率が生まれはじめて，規模の不経済がいずれ始まる．

規模の経済性の弾力性が一定の値をとるとき，平均費用関数は次のようなべき乗の関数で書けることになる．

(4.6) $y = dx^{-c}$

ここで，cは弾力性の値である．つまり，対数をyとxについてとったときのyとxの関係は直線になり，その傾きが弾力性の値になるのである．つまり，「規模の経済性」の程度が一定かどうか，あるいはどの程度の大きさなのかを知るためには，生産量と単位費用を両対数のグラフでプロットしてみればよいのである．

これまでの流通では，「規模の経済性」はかなり存在する．しかも，その弾力性はかなりの範囲にわたって一定に近いことが多く，規模が2倍になれば，単位費用の削減率は$(1 - 2^c) \times 100\%$となる．規模がどんどん拡大していって

も，この削減率には変化がないのが弾力性一定という状態である．

もちろん，際限なく弾力性一定ということはありえないが，かなりの範囲で一定的な「規模の経済性」が存在すれば，流通の側には大量購入・販売しようとする強い動機が生まれることになる．ところが今日のようなICTの革新と普及の中，そのような量的な経営資源だけでなく，質的な経営資源が求められるため，「規模の経済性」だけでは説明力をもたなくなっている．

次に「範囲の経済性（economies of scope）」とは，「ある事業を営む企業が他の事業に事業範囲を拡大する場合，所有する工場や販売管理部門の資産を部分活用できれば，単位あたり費用を低下させることができること」をいう．

今，2つの製品A，Bについて，企業がその両者を生産した場合の総費用関数を $C(x_a, x_b)$，それぞれの製品を単独で専門的に生産した場合の総費用関数をAの場合が $C_a(x_a)$，Bの場合が $C_b(x_b)$ とすると，これらの総費用の間に以下のような不等式が成立するときに，AとBの間に範囲の経済性が成立

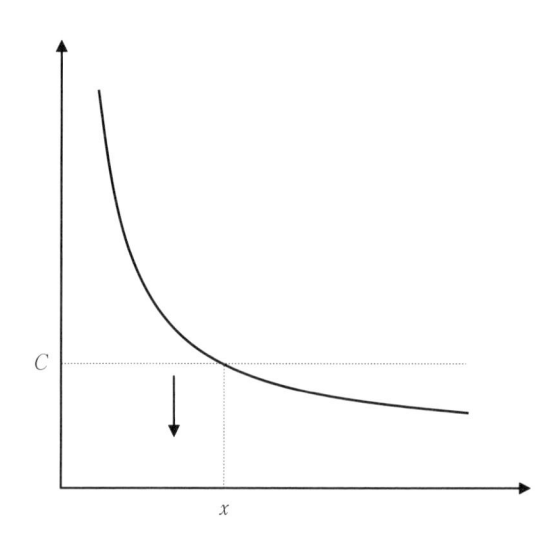

図表4-1　規模の経済性

するという.

(4.7)　$C(x_a, x_b) < C_a(x_a) + C_b(x_b)$

つまり,両者を生産する総費用がそれぞれを単独で生産する場合の総費用の合計よりも安くつく,ということである.この「範囲の経済性」の定義は,規模の経済性と同じように,単位費用の形でも表現できる.上の式を変形して,次の式が得られる.

(4.8)　$\{C(x_a, x_b) - C_a(x_a)\} / x_b < C_b(x_b) / x_b$

この式の左辺の意味は,両者を生産する総費用からAだけを生産する場合の総費用を引いたものをBの生産量で割ったものである.これは,両者を作っている企業にとってB製品だけをつくるための追加費用を計算するとどうなるか,を単位費用として示したものである.式の右辺は,Bだけをつくっている企業の単位費用である.両者を生産する企業にとってのBの追加単位費用の方が,B専門の企業の単位費用より安いのである.したがって,範囲の広い企業の単位費用の方が安い.ちょうど,規模の大きい企業の単位費用が安いのと,まったく同じようなことである.「範囲の経済性」は図表4-2で表される.

「ネットワークの経済性(economies of network)」とは,組織の連結数によって表される.たとえば,連結した組織が2ならば連結数は1,3ならば連結数3,4ならば連結数は6,Nならば連結数は

(4.9)　${}_N C_2 = N(N-1) / 2$

というように,組織の増加にしたがって連結数は幾何級数的に増大していく.その意味では,その利便性がネットワークの規模ないしは同一システムの利用者数とともに増大する側面があるということになる.

別言すれば,一企業のみによる制御が可能な「規模の経済性」や「範囲の経

78　第4章　関係性パラダイムの構造

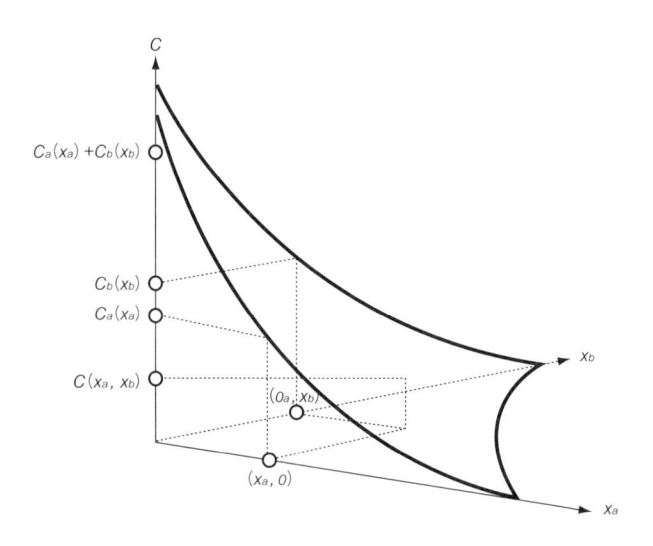

図表4-2　範囲の経済性

（図中のラベル：C, $C_a(x_a)+C_b(x_b)$, $C_b(x_b)$, $C_a(x_a)$, $C(x_a, x_b)$, $(0_a, x_b)$, $(x_a, 0)$, x_b, x_a）

済性」とは異なり，情報を受発信し，知識を交流させる他企業と「相互作用関係」となる点に特徴があるともいえる．

　つまり，組織間の結びつきによって，ネットワーク化の経済効果を追求することを示しており，これは，組織の保有するノウハウ・経営資源・技術の複合化，および情報の持つ「蓄積性」の活用などによって実現される．この経済性による効果は，インプットとアウトプットの両面で実現される．まずインプット面の効果としては，取引費用（情報コスト・決済コスト・在庫コストなど）の節減，およびリスク総量の分散をあげることができる．またアウトプット面の効果としては，シナジー（相乗）効果，経験（学習）効果，および「信頼」創出効果などを指摘することができる．ちなみに，これらはいわゆる「外部効果の内部化」といわれるものである．とりわけ，相互協力による提携の形成は，「戦略的提携」の成功の礎となる重要な一ファクターである．昨今の戦略的提携を生み出した底流にある多くの部分は，こうした「ネットワークの経済性」

	1 規模の経済性 economies of scale	2 範囲の経済性 economies of scope	3 ネットワークの経済性 economies of network
A. 社　　会	工　　　業	サービス	情　報　通　信
B. 主要産業	製　造　業	サービス業	ICT関連産業
C. 企業単位	単　　一	単　　一	複　　　数
D. 生産技術	収　穫　逓　増	費用の劣加法性	ネットワーク外部性
E. 品種と量	少品種大量	多品種少量	変品種変量
F. 価　　値	工　業　製　品	データ	知識・創発性
G. 生産性	規模の大きさ	業務の多様化	連結の量と質

図表4-3 産業の経済性

の効果の結果として説明することができよう．「取引費用パラダイム」が市場と流通チャネルのどちらを取引費用節減のために選択するかという視角から想定された概念であるのに対し，「ネットワークの経済性」は費用節減というインプットの側面にとどまらず，それがもたらす効果に概念化の重点が置かれている．3つの経済性の特徴については図表4-3を参照されたい．

2　関係性パラダイムの概要

　前項のように，戦略的提携が展開している背景には，ICTの革新と普及がある．この戦略的提携に対するマーケティング論の「関係性パラダイム」からの接近は，企業が提携企業との関係をどのように友好的に形成・維持・発展させていくかを理論的関心とする．その目的は，前述のコンフリクトないしパワーのみに瞠目したStern and El-Ansary［1992］の「パワー・コンフリクト論」，あるいはその限界を克服できなかった「チャネル交渉論」の代替をめざすものともいえ，これまでのマーケティング論が製品販売までに光を当てていたのに対し，その製品を買った顧客がリピーターとなるまでをマーケティング

活動の範囲とした所にこの特徴がある[9]．

また，第3章の「取引費用パラダイム」が，垂直的統合の論拠を提出していたのに対し，この「関係性パラダイム」は，現代の戦略的提携を説明し得る理論ともいえ，その意味では両者が補完的関係を保っているといえよう．このパラダイムとしては，以下に代表的なものをあげる．

(1) Arndt［1983］の「内部化市場概念」
企業間に協力的関係が形成される理由を，市場における取引関係を内部組織的な管理・調整過程に委ねることで得られるさまざまな経済的メリットによって説明しようとする．
(2) Dwyer, Schurr and Oh［1987］の「関係的交換概念」
従来の非連続的取引に対置するものとして「長期継続的な関係的交換」の仕組みを分析し，後の信頼概念分析の礎となった．
(3) Stern and El-Ansary［1992］の「チャネル共同管理概念」
チャネルのリーダーシップが拮抗したケースにおいては「パートナーシップ協約によるチャネル共同管理」が有効であることを主張した．
(4) Bowersox and Cooper［1992］の「相互合意概念」
競争優位を得るためのチャネルメンバーの相互合意の方法として「戦略的提携」の意義に注目した．

関係性パラダイムは，まだ形成過程であり，マーケティング論において堅固たる地位を獲得したものではないが，このような新たに提示された考察に基づき[10]，1990年代に入って，戦略的提携の協力関係を分析するさまざまな分析道具が提出されてきた．これらの研究においては，戦略的提携における協力関係の動態を捉えたうえで，流通チャネルにおける協力や長期的志向などへの先行要因が主としてクロスセッションの分析手法によって提示されてきた．

とりわけ，この「関係性パラダイム」における中核概念として，近年，急速に注目されはじめているのが，企業間の協力関係を「信頼」の視点から捉える接近方法である[11]．それはICTの進展によって見知らぬ人，あるいは企業間で取引がなされる機会が増えるほど，信頼の重要性が浮揚してくるということでもある．

第3節　信頼概念

1　信頼概念の先行研究

マーケティング論の「関係性パラダイム」における「信頼」の研究は，まだ研究の緒についたばかりで，それほど，研究の蓄積があるわけではない．

信頼概念を扱ったマーケティング研究では，信頼関係を社会学や社会心理学の理論的蓄積を用いながら，ひとつの一貫したパースペクティヴから見通すことで，継続志向性やそこにおける協力，緊密なコミットメント等との因果関係を特定化しようとしている．

たとえば，Kelly and Thibout [1978]の社会的交換理論をマーケティング研究では援用しながら，2者の信頼関係を想定した理論化を試みている．そこでは，AがBを「信頼する(trust)」ということは，Bが(1)Aの利益となる行動を行う，(2)Aを搾取しようとする行動を行わない，という2つの『期待』として概念規定され，信頼概念自身，Bがもつ「動機的側面」と，「能力的側面」からみた「信頼に値すること(trustworthiness)」によって規定される[12]．このようにマーケティング研究における信頼研究は，① 信頼の規定因を得るもの，② 信頼の成果に関するもの，に関心を寄せている．

また，流通チャネル研究でも，長期継続的取引の概念的根拠として信頼概念

を援用している．Anderson, Lodish, and Weitz [1987] は，企業間の取引形態における信頼関係，信用，評判などに注目し，「それらは，企業間の交渉や調整に要する費用を節減する側面がある一方で，正の外部効果を生む作用を促進する」[13]とした．もちろん，この信頼による調整メカニズムは，企業間だけに対応しているわけでなく，(1) 市場，(2) 企業内，(3) 企業間の場面ごとに，あるいは取引によっては部分的に重複する側面をもつであろう[14]．しかしさしあたり，企業間取引における信頼概念の重点は，上述の(3)への対応が可能であるとみて，論を進めていきたい．

企業間の協力的調整に関しては，前述の通り，マーケティング論においてはあまり蓄積が進んでいるとはいえないため，あえてそうした局面に近い概念や展開の試みをマーケティング論以外にも新たに求めてみよう．

2　Arrow の信頼概念

ここでは，マーケティングにおける信頼の議論に厚みをもたせるものとして，2つのアプローチを取り出して説明してみたい．1つは，Arrow [1974] がその企業間分析で強調した「信頼財」としてのアプローチ，もう1つは，信頼を対象とした Kreps の「ゲーム理論」アプローチである[15]．

Arrow [1974] は，組織を「価格メカニズムがうまく作動しないような状況下で集団的行動の利点を実現するための手段」[16]と規定したが，ここでは組織間の効率性の側面からしても，「市場」以上のものが求められていることがわかる．彼は，信頼とは，単なる取引費用を節減するだけでなく，その効率を高める外部効果をもつものであり，それ自身が経済的価値を内包するものである，とする．そのための集団的行動として Arrow は，① 企業（とりわけ大法人企業），② 政府（さまざまなレベルにおける），③「不可視制度」としての道徳や倫理の原則，または別表現として「信頼財」を挙げる．

Arrow における第3の信頼財とは，「市場の失敗」を埋めるための，道徳や倫理における機能的要因として位置づけてよいであろう．以下は Arrow のこれに関わる労作から，その特質を次の3点に求めて検討したい．

まず第1に，信頼とは，実在し実用的な経済的価値を包摂するという側面で財であり，しかも取引不可能な貴重な財である．そしてそれは，企業間の効率性を増大させ，価値を産出する「外部効果」にかかわる財である．信頼財を欠くとき，それに代わるサンクションや保障を準備することは，大きく費用が発生するものであり，相互に利益のあがる協力の機会を失わせることになる．

そして第2に，信頼とは，公開の市場において取引が技術的に可能であるような財ではないし，取引に意味があるような財でもない．信頼財を，直接的なやり方で購入可能とは想定できない．仮に信頼財を買い入れなければならないとすれば，すでにその事実によって，買い入れられた信頼財は損なわれたものとなる．

第3に，信頼財のもつ機能は，相互に利益をもたらす「暗黙の協定」とみなすことが可能である．本来協定とは，合意形成に費用が発生し，特に長期継続のために新規参入者を加えようとするなど，なお高い費用がかかるものである．その際の合意形成の代わりに，仮に企業間が信頼によるノルムを内部化しえているとするならば，その企業間は望まれる協定に無意識のレベルで達しえていることになる．

上記の点を踏まえるとき，信頼という財は，「戦略的提携」という企業間で作用する協力的調整を支えている機能要因と解して間違いないであろう．もちろん，企業の信頼をめぐる概念に関して，これとは違ったアプローチをすることも可能である．「財」に代えて「取引主体間のゲーム」を中心軸に据えてその作動を考える立場である．これは，今までの相手の行動をみて次の手を考える，つまり，現在のゲームの結果をみつつ，次の相手の反応と自己の手を考える，といった動学的ゲームによる分析で，わが国のマーケティング論において

は中田善啓［1992］の仕事などが注目される[17]．中田善啓［1992］では，ダイナミック・ゲームの考え方に基づき，製品差別化，フルライン政策についての既存企業と参入企業との戦略的行動に関する知見を導き出している．その意味では，Kreps［1990］の提示した信頼を対象としたゲーム理論のアプローチは，以下に示すように，そうしたものと同じ視座を共有しているものとして位置づけることができよう．

3　Krepsの信頼概念

　企業間における取引主体は，第3章のWilliamsonが論及しているように，契約で拘束されない限り，「機会主義的行動」をとるとされる[18]．なるほど現実に，企業はそのような行動をとる側面が多々あろう．

　だが，通常，企業は，社会的に認知された継続事業体（going concern）として，従業員だけでなく，投資家，取引企業，顧客といったステイクホルダーに対して社会的責任（social responsibility）がある．そのため，企業は「機会主義的行動」を慎む場合も多く，とりわけ継続取引などの長期契約においては，「信頼」を保持することの有利性を鑑み，企業はそのような「機会主義的行動」を行わない．たとえば，戦略的提携などの企業間の協力の場合にである．

　以下では，この「信頼」に着目したKreps［1990］の「ゲーム理論」アプローチをみてみたい[19]．

　J，Qの2つのプレイヤー（企業）が相手を「信頼」するか，裏切るかに応じて獲得可能な利益はKreps［1990］がいうように「囚人のジレンマ」として知られているゲームで説明できる．

　囚人のジレンマでは，2人のプレイヤーがゲームをする．プレイヤーとはゲームをする人のことであるが，ここでは，企業の間の信頼を巡るゲームのように，一つの組織が単位となってゲームをすることとする．つまり，企業組織

第3節　信頼概念　85

		Qの行動	
		信頼	信頼しない
Jの行動	信頼	R, R	S, T
	信頼しない	T, S	P, P

1. $T > R > P > S$
2. $2R > T + S$

図表 4-4　信頼の同時ゲーム

がプレイヤーとなる．この信頼ゲームは，各プレイヤーが可能な2つの選択肢の中からどちらか一方を選び，2つのプレイヤーが選んだ選択肢の組み合わせによって，手にする利得が定まるというものである．

この2つの選択肢というのは，一つが相手企業を信頼しようとする内容を持った選択肢であり，もう一つは相手企業を裏切ろう（信頼しない）とする内容を持った選択肢である．各企業が得る利得は，自社の選んだ行動だけでなく，相手企業がどちらを選んだかにも依存する．そして，この依存関係の内容がゲームを特徴づけることになり，信頼ゲームでプレイヤーが得る利得の内容は，図表4-4のように一般的に与えられる．

この図表4-4において，信頼ゲームの利得の大きさは4つの数 R, S, T, P で示される．そしてこれら4つの数の間には，図表4-4の下の部分に与えられている2つの不等式が成立しており，この関係式が信頼ゲームを特徴づけることになる．

最初の関係式で R のほうが P よりも大きくなっているので，ともに信頼行動をとる場合のほうが，ともに信頼しない行動をとる時よりも，多くの利得を手にすることができる．これは零和ゲームのような利害がお互いに対立する場

合とは，異なっている．また T の値が最も大きくて，S の値が最も小さいことから，相手企業が信頼しようとする時に，自企業が信頼しないケースが，最大の利得を手にできる一方，相手企業は最低の利得しか手にできない．

また，図表4-4の2番目の関係式では，2企業あわせた利得はともに信頼する時に最大になることが示されている．意思決定をお互いに1回しかやらないというように，ゲームを1回しかしないときには，特にこの条件は必要ないが，ゲームを有限回繰り返す場合，この2番目の関係式が意味を持ってくる．

いま J，Q の各企業がお互いに信頼と裏切りを，1回ずつ，ずらして交互に出し合うと，各プレイヤーは T という利得と S という利得を交互に手にすることができる(図表4-5を参照されたい)．これに対して，2企業がともに信頼し合えば常に R という利得を手にすることができる．この時，図表4-4の2番目の関係式があると，信頼と信頼しないことを交互に出し合っても，有利にならないことになる．囚人のジレンマでは，ともに信頼すると利得が高くなることがポイントである．

では，この信頼ゲームにおいて，果たして2つのプレイヤーはともに信頼行動をとることができるのであろうか．この信頼ゲームを，メーカーと流通業者(卸売業，小売業)間で考えてみよう．J 企業を J メーカー，Q 企業を流通業者と想定する．

まず，J メーカーの側から考えてみよう．Q 流通業者が仮に信頼を選択したとすると，J メーカーは信頼行動をとると R の利得を得，信頼しない行動をとると T の利得を得ることができる．そして R よりも T のほうが大きな値になっているので，Q 流通業者が信頼を選ぶときには，J メーカーは信頼しない行動をとろうとするであろう．仮に Q 流通業者が信頼しない行動を選んだらどうであろうか．このときもやはり，J メーカーは信頼を選んで S を得るよりも，信頼しない行動を選んで P を得るほうが有利となる．

したがって，Q 流通業者がどちらの行動をとるにせよ，J メーカーは信頼し

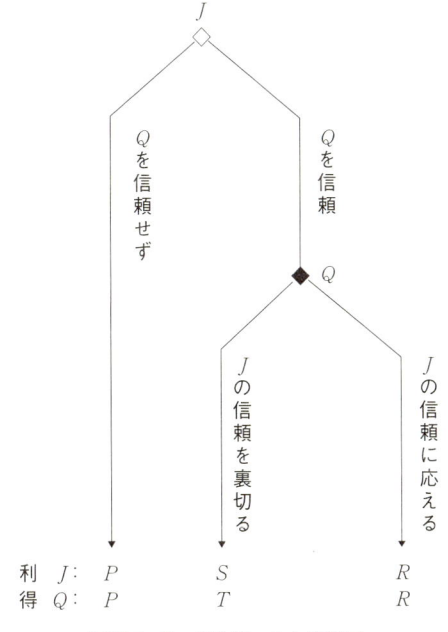

```
                    J
                    ◇
          ┌─────────┴─────────┐
          │Q                   │Q
          │を                   │を
          │信                   │信
          │頼                   │頼
          │せ                   │
          │ず                   Q
          │                    ◆
          │              ┌─────┴─────┐
          │              │J          │J
          │              │の          │の
          │              │信          │信
          │              │頼          │頼
          │              │を          │に
          │              │裏          │応
          │              │切          │え
          │              │る          │る
          │              │            │
          ▼              ▼            ▼
 利  J:   P              S            R
 得  Q:   P              T            R
```

図表 4-5 交換ゲームと樹形図

ない行動を選ぶほうが有利となる．このようなとき，Jメーカーにとっては信頼しない行動のほうが信頼行動を「支配している」ことになる．JメーカーとQ流通業者を入れ替えても，全く同じことになるので，Q流通業者にとっても信頼しない行動が信頼行動を支配していることになる．

このようにしてJメーカーもQ流通業者もともに，より多くの利得を求めようとして，信頼しない行動を選ぶことになってしまった結果，手にする利得はPにすぎない．2企業がともに信頼行動をとれば，もっと有利なRという利得が得られるはずなのに，有利な選択を論理的に求めていくと，信頼しない行動を選ぶことになってしまうのである．

このような帰結が有限回繰り返しゲームの場合であり，企業間で信頼を保つインセンティブが生じないことから「信頼しない」ことが，有利となり，協力

関係が生じない．しかしこれは無限回繰り返しゲームならば，逆に解決されるということの裏返しである．つまり，将来も図表4-4の取引関係が無限に長期継続すると想定されるならば，Q流通業者はJメーカーが信頼し続けてくれるよう，信頼に足る流通業者という評判を保持し続けるインセンティブが生じることになる．ここにおいて，Q流通業者は将来も継続的にJメーカーとの取引関係を維持する予定でいることが求められる．

長期的な相互依存関係の下では，Krepsが示唆するように，メーカーも流通業者も遠い将来まで考慮に入れた行動を取り，協力的になる．

そこでは，経営者または所有者や従業員が変わっても，メーカーや流通業者という組織は生き延びることができるため，メーカーも流通業者も正直な取引相手であるという評判，つまり信頼を維持するインセンティブが生じる．たとえば，メーカーJは流通業者Qが購入し続けてくれるものと信じて協力的関係を維持する行動をとる．これがKreps［1990］の主張である[20]．

4　機会主義的行動と信頼

以上の議論を踏まえて，機会主義行動と信頼の関係についても整理しておきたい．

こうしたKrepsのゲーム論からのアプローチは，信頼財を軸とするArrowの見方と対立するのであろうか．いや，そうではない．このアプローチは，Arrowと同様，企業間におけるメーカーと流通業者間の「信頼」の重要性をより一層強調するものに相違ない．

では次に，Williamsonのいう「機会主義的行動」と，Arrowやここでみた Krepsの接近方法から導き出された「信頼」は，いかなる関係となるのであろうか．たしかに，ArrowとKrepsでみたように，信頼財にしろゲーム論から導かれた信頼概念にしろ，信頼は機会主義的行動を制御する働きをする．いや

むしろ，より正確に表現するならば，機会主義的行動という考え方には「相手のスキをうかがって裏をかく」のが人間や組織の本性であるという認識の上に立脚するものであり，信頼という概念自体存在しない．つまり信頼概念自身が機会主義的行動という概念を否定することになると考えられよう．Krepsでみた「信頼」は，とくに，長期継続取引におけるメーカーと流通業者間の「機会主義的行動」の否定に作用する側面があることは確かである．

ここまでの検討・分析を踏まえて鑑みると，現在，ICTの革新と普及の中，「垂直的統合」よりも，より柔軟な「戦略的提携」が生まれている点に現代のチャネルの特徴があるが，後者におけるメーカーと流通業者間の調整は，信頼にウェイトが置かれ，協力関係を形成しているものと理解できる．そして，それはICT革新による戦略的提携の展開の中，ますます，企業にとって重要となっていくであろう[21]．

第4節　マーケティング論における関係性パラダイム

第3章で述べたマーケティング論の「交換パラダイム」たる「取引費用パラダイム」は，「機会主義的行動」などの人間の諸要因と環境の諸要因の2つの要因によって流通チャネルが一義的に決まる論理体系の内で位置づけられた．

一方「関係性パラダイム」は，メーカーが卸売業や小売業などの流通業者と技術協力・合弁事業・共同研究開発・OEMなどの提携的関係を形成する主体的で戦略的意図を含むアプローチとなる．

この関係性パラダイムは，「戦略的提携」を分析対象の一つとし，組織間の連結から生じる(1)提携企業の経験(学習)効果，あるいは(2)相乗(シナジー)効果，そして(3)長期継続関係の信頼形成を促す効果，としてそれを説明した．そして，とりわけ(3)信頼形成について，その重要性を墨守している．それら

は，本来ならば市場の外に漏れてしまう外部効果を，流通チャネルに内部化するものと解される．

「取引費用パラダイム」の接近方法は，所与として価格を扱い，その制約条件の下，企業は取引費用節減を試みるとする．そしてその結果，「垂直的統合」に説明原理を付与するものと，位置づけられる．このように，取引費用節減から垂直的統合が導かれる枠組みは，新古典派における生産費用節減から，利潤極大化を志向するアプローチと同型の原理を包摂していることが確認される．その意味では，「取引費用パラダイム」も新古典派を乗り越えようとした試みであったものの，結果として，その域を出ていないアプローチであったと考えられる．つまり，所与，あるいは受身としての企業のインプット効果にのみ光をあてたもので，アウトプット効果としての信頼形成，あるいはそれと大きく関わる「協力」関係に関しては，研究対象外に置かれていた．

しかしながら，「関係性パラダイム」は，そのアウトプット効果，つまり，主体的な戦略行動たる「マーケティング」をその基底で問うことになっている．そこでの組織間連結の相乗効果としては，「製品差別化」としての価格設定，ブランド付与，製品の質の差別化などが想定されよう．これらは「取引費用パラダイム」では所与としていた価格を戦略的，あるいは差別的な意図をもって操作したり，質の追求がこれまでの製品分類とは一線を画した新たな市場を創出することを必然的に導く．

そこにおける，「関係性パラダイム」とは，マーケティング論の中心に据えられる「製品差別化」に対応した「対市場活動」を析出するフレームワークとして位置づけることができる．その意味でこの「関係性パラダイム」は，「取引費用パラダイム」のように，所与として市場を静態的に認識する，あるいは無名の顧客として認識するものではなく，「対市場活動」として顧客を把握し，それを企業が戦略操作し得る動態と理解するものである．ここにおいて，われわれは「関係性パラダイム」を戦略的・主体的規定因が大きく影響するアプ

ローチと位置づけることが可能となる．

　また，このパラダイムは，「戦略的提携」のような流通チャネルあるいは企業間関係を含む組織間関係を分析の対象とするだけではない．「関係性」という名の下，顧客やNPOとの信頼関係を形成することにより，長くその企業やブランドにとどまってもらうことをもその分析の対象の中心に据える．

　これまでのマーケティング活動が，製品販売をその中心としていたのに対し，その製品に満足した顧客が反復購買してくれるまでを，マーケティング活動の対象とした側面が，このパラダイムの大きな特徴となっている．従来の「規模の経済性」をベースに事業拡大して成長するというこれまでのベクトルが行き詰まりとなったことが，この顧客との関係性の形成を重要視するという新しいパラダイムの背景がある．製品の販売までをその対象としていた従来の方向性から「関係性パラダイム」という発想に関心が移行しているのは，これまでのマーケティング・パラダイムが非効率となってきているだけでなく，近時のICT革新によって，顧客管理費用が大幅に節減でき，多量の顧客データを個人別に管理することが，歴史上初めて可能となったからである．

　その意味で「関係性パラダイム」は，「取引費用パラダイム」が想定する無名の顧客ではなく，でき得る限り一人一人の顔がみえる顧客として認識されているものである．つまり，顧客と企業との新しい関係が模索される中で，新しい「競争」の局面が招来されつつあるのである．そこでは，顧客との良好な関係性を深め，維持することによって新たな競争に対応して，長期的な企業収益を向上させる意図がある．

　以上のように関係性パラダイムは，組織間，主体間（企業と顧客，企業とNPOを含む）の関係性の形成という戦略を内包することで，主体的規定因の影響にその比重を多く求めた接近方法であるといえ，信頼関係に基づく戦略を説明し得る論拠を提示している．

注

1) Alderson [1957] *Marketing Behavior and Excutive Action*, Richard D. Irwin. (石原武政・風呂勉・光澤滋郎・田村正紀訳 [1984]『マーケティング行動と経営者行動』千倉書房).

2) Ridgeway [1957] Administration of Manufacture-dealer System, *Administrative Science Quarterly*, Vol.1, pp.464-483.
　Mallen [1963] A Theory of Retailer-Supplier Conflict, Control, and Cooperation, *Journal of Retailing*, Vol.39, pp.24-32.

3) Stern [1967] The Concept of Channel Control, *Journal of Retailing*, Vol.43, pp.14-20.

4) Stern and Reve [1980] Distribution Channels as Political Economies: A Framework for Comparative Analysis, *Journal of Marketing*, Vol.44, pp.52-64.

5) 風呂勉 [1968]『マーケティング・チャネル行動論』千倉書房.
　石原武政 [1982]『マーケティング競争の構図』千倉書房.
　高嶋克義 [1994]『マーケティング・チャネル組織論』千倉書房.

6) 風呂勉 [1968] 前掲書 pp.10-14.

7) これに対し,「戦略的提携」の形で結ばれている企業連結は, 取引企業に対する協力のもと, これに起因する取引関係の秩序と効率は, 相手企業間との「信頼」を形成し, 効率を引き上げた.

8) パワーとコンフリクトに分析の焦点を当てる「チャネルシステム論」では, チャネル関係の経済的側面を分析できないこと, 消費財分野における小売業へのパワーシフトなどにより, メーカーによるチャネル制御を基本的視点とする「チャネルシステム論」の現実妥当性が低下したこと,「政治経済アプローチ」においてもチャネル関係の認識方法についてはパワー・コンフリクト論の域を出ていないこと, などが指摘されよう.

9) 古川一郎 [1999]『出会いの「場」の構想力：マーケティングの消費と「知」の進化』有斐閣, p.78.

10) Arndt [1983] The Political Economy Paradigm: Foundation for Theory Building in Marketing, *Journal of Marketing*, Vol.47, pp.44-54.
　Dwyer, Schurr and Oh [1987] Developing Buyer-Seller Relationships, *Journal of Marketing*, Vol.51, pp.11-27.
　Stern and El-Ansary [1992] *Marketing Channels*, 4th ed., Prince-Hall, Inc.
　Bowersox and Cooper [1992] *Strategic Marketing Channel Management*, McGraw-Hill, Inc.

11)「パワーコンフリクト論」の限界を克服することは, 直ちにチャネル構成者間に存

在するパワー関係やコンフリクトを捨象することに直結するものではない．つまり，もちろん，それに続く経験的の研究においては，チャネル構成者間にパワー関係やコンフリクトが存在する現実的状況を前提とした次のフェーズの分析が求められている．

12) Kelly and Thibaut [1978] *Interpersonal Relations: A Theory of Interdependence*, New York: John Wiley & Sons. また trust と trustworthiness について，Lewis and Weigert [1985] Trust as a Social Reality, *Social Forces*, Vol.63, No.4, pp.967-985 では「信頼は予測の終わるところから始まる」としている．ここでは信頼の規定因として，「動機」と「能力」の2つの側面を示しているが，酒向真理 [1998] では，信頼を①約束厳守の信頼，②能力に対する信頼，③善意に対する信頼，に大別している．

13) Anderson and Weitz [1989] Determinants of Continuity in Conventional Industrial Dyads, *Marketing Science*, Vol.8, No.4, pp.310-323.

14) たとえば，価格による自動的調整・権限による指令的調整・共同による協力的調整は，それぞれ市場・企業内・企業間と1対1対応しているわけではなく，部分的重複もみられるということである．

15) Kreps [1990] Corporate Culture and Economic Theory, Alt and Shepsle [1990] *Perspectives on Positive Political Economy*, Cambridge University Press.（周佐喜和訳 [1986]「企業文化と経済理論」土屋守章編 [1986]『技術革新と経営戦略』日本経済新聞社，pp.253-268.）なお英語版には日本語版執筆以降の考察を後書きとして加えている．

16) Arrow [1974] *The Limits of Organization*, Norton.（村上泰亮訳 [1976]『組織の限界』岩波書店）

17) 中田善啓 [1992]『共進化マーケティング』同文舘

18) Williamson [1985] [2000] *op. cit.*

19) Kreps [1990] *op. cit.*

20) なお，Kreps [1990] の議論に関係するフォーク定理（ゲーム理論で1971年に証明された定理で，長期継続的関係が永遠に続くという割引因子が十分高いという前提条件の下，組織への帰属意識は未来の長期継続的関係の割引現在価値で決まるというもの）については土屋守章編 [1986] 前掲書，以外に，松島斉 [1994]「過去，現在，未来：繰返しゲームと経済学」岩井克人・伊藤元重編『現代の経済理論』東京大学出版会，pp.57-102 を参照されたい．

21) ICT の普及の中，企業間でどのように信頼を埋め込んでいくか，つまり，その仕組みの構築が問題であり，決して短期的に形成できるものではないと認識することが重要となる．一方，個人間のオークションでは，出品者と落札者が，互いの取引態度に対してつけるポイント制の評価としての信頼が重視されている。入金が遅い，メール文面に誠意がない等，悪い評価をつけられた人が淘汰される傾向にある．

第5章　複数チャネル間の競争構造

―― ネットワーク外部性 ――

第1節　はじめに

　われわれは、4つの章にわたって、過去およそ30年間、とりわけ1970年代以降における「流通チャネル」に関するマーケティング論の発展の足跡を辿り、その特徴とICTとの関係を本書との関わりから検討してきた[1]。その主たる関心は、ICTが実現する流通チャネルという問題にあったので、チャネル論の中でも、とりわけ、従来の垂直的統合を説明する「取引費用パラダイム」以外に「関係性パラダイム」に焦点をあて、近年における理論的発展の諸研究の整理を試みた。

　さて、「取引費用」あるいは「関係性」とはどのようなもので、そこから導き出される2つの流通チャネルについて理解できたとして、次に問題となるのは、市場取引と比較したチャネル内での取引費用、あるいは関係性ではなく、2つのチャネル間、あるいは複数チャネル間の「競争」である。

　もともと、本書のテーマは、ICTが招来する流通チャネルを従属変数、あるいは被説明変数とみて、ICTが他の独立変数や説明変数といかに関わりながら、このような流通チャネルを生み出すかについて考察することにあった。

ここで複雑に絡んでくるのが，ICT が実現する「競争」に直接関与する「ネットワーク外部性」という概念である[2]．現在，マーケティング論においては，これら新たな競争の動向を包摂し，俯瞰した視座からの理論構築が希求されている．そのため，これまでの分析枠組みを新たな視点から再定位する必要があるといえよう．そのような作業を通して，本書の研究の意味と位置づけ，そして第 4 章までに述べたような新たな流通現象を分析する帰趨が明らかにされることになろう．

そこで本章は，ICT が招来するチャネル間競争の分析に向けて，「ネットワーク外部性」に関する接近方法が蓄積してきた理論の中でそれを探求する．そこにおいては「取引費用パラダイム」と「関係性パラダイム」の延長線上に，「ネットワーク外部性」の概念を取り上げ，それが流通チャネルの実証的分析に向けてもちうる含意と可能性を見積もる．とりわけ新たな競争とチャネルとの関係の分析について，理論的に基礎づけることを射程に入れて考察する．

第 2 節　ネットワーク外部性

1　はじめに

第 4 章までにみてきたように，「取引費用パラダイム」において，流通チャネルはひとつの取引形態として把握され，取引の内部化に付随する費用が市場取引かチャネル内取引かの選択をする際，枢要な役割を果たしている．そこにおいては，さまざまな取引形態のもとでの情報の非対称性やそれに規定される人間や環境の諸要因が効率性にどのような影響を与えるかということに焦点が当たっていた．そしてメーカーは，被統合流通業者に対する包括的で直接的コントロールを意味する垂直的統合 (vertical integration) を選ぶことになる．そし

てこれが，これまでわが国の成長を支えてきた流通系列などの垂直型の流通チャネルであった．

他方，複数のチャネル間の競争[3]を鑑みるならば，たとえ垂直的統合にさほど取引費用がかからない場合でも，寡占的メーカーでは，チャネル間での競争を緩和する[4]ために，垂直的統合を分離(separate)することがある．ここで重要な役割を果たすのは，市場取引と比較したチャネル内での取引費用だけでなく，複数のチャネル間の競争であり，そこに大いに関係する「ネットワーク外部性」という概念である．

この第4章では，Rohlfs［1974］や Leibenstein［1950］，Katz and Shapiro［1985］［1986］［1994］等に依拠しつつ，「ネットワーク外部性」について検討する[5]．企業間のマーケティング競争は，生産量や価格に関する短期的な競争にとどまらず，その環境を規定するような長期的な状況でも行われている．垂直的統合の場合，寡占的メーカーは直接的な競争を強いられるのに対し，垂直的統合を分離した場合には，彼らの間の競争はチャネル構成者としての流通業者（卸売業者・小売業者）を介した間接的な競争を招来する．小売価格もメーカー希望価格以外に，オープンプライス，ディスカウント価格等，複雑さを増す．実際，小売価格も二重マージンゆえに垂直的統合の場合よりも高くなる場合もあり，それに伴いチャネル全体の利潤も増加する．ここにおいて看過してはならないのは，垂直分離あるいは戦略的提携が企業にとっての「価格競争を緩和する」というコミットメントになることも多いということである．

つまり，複数のチャネル間の「競争」を考慮する場合，単一チャネルの効果的運営のための取引費用や協力関係の基盤となる信頼とは異なった「外部効果」が重要な意味をもつ．別言すれば，ICTは，取引費用の節減によって，「取引費用」を変化させる働きをもち，またそれは，第4章でみてきた通り，チャネル間の「信頼」形成にも寄与するが，同時に「ネットワーク外部性」などの外部効果をも創出・加速する働きをもつ．つまりそこでは，ICTが実現

する流通チャネルを「競争」との関係から考える際に，取引費用や信頼だけではなく，ネットワーク外部性が重要となる．

われわれは，ICT が実現する流通チャネルを，ICT による「取引費用」の影響や「信頼」の形成のみならず，これに「ネットワーク外部性」を内包した視角から捉える．すでに「取引費用」については第3章で，「信頼」については，第4章で，詳細に検討したので，以下では，「ネットワーク外部性」の側面から整理する．

2　Rohlfs 理論と複数均衡

本書が，ICT がもたらすチャネル間競争を考察するに際し，「取引費用パラダイム」，「関係性パラダイム」と並んで注目するのが，「ネットワーク外部性 (network externality)」である．これは，(予期される) ネットワークの大きさ (市場占有率・利用者数) の増大に伴って，製品・サービスから獲得可能な便益・効用が増大するというものである．

一般に，技術はその研究開発に多くのコストが伴うにもかかわらず，その技術を，模倣 (複製) するのには，あまりコストがかからないとされる．その意味で，Dosi [1982] は，技術とは，専有不可能性 (in-appropriability) の特質をもつものと位置づけた[6]．この種の問題は，Mises や Heyek, Lange らの経済計算論争の経過で提起された問題群の中でも扱われているが，その源泉はさらに遡及して公共財 (public goods) に関するフリーライダー (free rider) の問題に帰着することが可能である．

そこでは，一度，公共財が供給されるといかなる主体もその消費から排除されることなく，各主体が自らの公共財に対する選好を正直に表明しようとするインセンティヴは働かず，他者の選好表示にフリーライドしようとする傾向が生ずるとされるものであり，そこにおいて公共財の過少供給が引き起こされる．

技術や情報が抱蔵するこのような特性のために,「意匠権」・「特許権」等の技術開発成果の私的専有を保護する制度・権利が設けられてきたのである.

だが,「ネットワークの外部性」が強く働く場合,同一規格の技術がどのように大きな市場占有率を獲得するかが肝要となるため,開発の私的リターンといった静態的(static)な要因だけでなく,技術の発展速度および当該企業,あるいは同一規格の製品を生産する企業グループが市場で占有するポジションの変化(チャネル形成,ファミリーづくり)といった動態的(dynamic)な要因が重要な役割を果たすこととなる.つまり,要因は静動態両面から生まれてきていることが指摘できよう[7].ここにおいては,自社あるいは自社グループが多くの主体を自営陣に取り込み,既得基盤を構築することによる初期段階での市場占有率獲得こそが枢要となるので,自社技術を「標準(standard)」に反映させるとともに,「技術公開」という特許とは逆戦略が遂行されることとなる.

ゆえに,現在,情報通信産業を嚆矢とする先進企業のチャネル間競争は,戦略的提携による「標準化」を通じた自社技術の普及(オープン戦略)と「知的所有権」を盾とした技術専有(クローズ戦略)という相対立した競争や参入時期・ポジションによってクローズとオープンを使い分ける「複合戦略」などの錯綜したチャネル間競争となっている.

そのような重要性をMansell [1995] は,(1)初期段階におけるアーキテクチャー(設計仕様・設計思想)標準化の果たす機能および役割の重要性の増大,(2)市場における独占および寡占を目的とするアーキテクチャー支配,(3)プレ・プロダクションでのアーキテクチャー専有に関する競争の先鋭化,の3点と指摘した[8].Basen [1995] は,標準化設定のための採用過程を決定する要因をどこに求めるか,また,そのような競争過程が標準化設定のためにかかる時間および標準化設定の選択といった問題群に示唆を提供できるのか等の課題を掲げている[9].

既存の分析としては,Rohlfs [1974] の分析[10]が,「ネットワーク外部性」が存

在するもとでの需要構造および独占的・寡占的企業の行動に関しての先鞭的研究である(図表5-1を参照されたい).

まず,Rohlfs [1974] に従い,ネットワーク参加率の増加便益をg,ネットワーク参加の費用をc,ネットワーク参加率をfと設定する.その際,$fg \geqq c$ならネットワークに参加し,$fg < c$ならネットワークに不参加ということになる.初期の参加者ほど高い増分便益を得,増分便益は漸次逓減するため,ここではgをfの1次の減少関数

(5.1)　$g = a(1-f)$　　　(a =定数)

とする.ネットワーク参加・不参加が無差別な限界的参加者では,

(5.2)　$af(1-f) = c$

という式が導かれる.(5.2)式は,サービスに対する需要関数であり,原点O

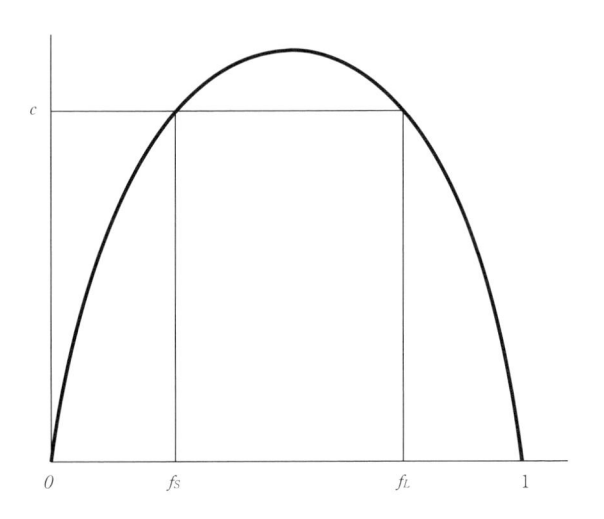

図表5-1　複数均衡

(出典) Rohlfs [1974]

を通る下向き2次関数となる．このネットワークの参加率の均衡は3つ存在する．それは $f=0$ を示す 0 と，放物線の右上がりの点 f_S と，右下がりの部分の点 f_L である．しかも，これら3つは，安定的な均衡点（0 と f_L）と不安定な均衡点 f_S に分かれる．

ここで Rohlfs [1974] は，「立ち上がり（Start-up）」とサービスの「発展可能性（Viability）」を明確に区別した．通常，ネットワークの普及期に，f_S 以上の「クリティカル・マス：閾値（Critical Mass）」に到達すれば，ネットワークは自生的に拡大発展していくものと予見されるが，この発展可能性があるにもかかわらず，初期段階でのネットワーク参加率が乏しい場合，そのままネットワークが消滅してしまう可能性もある．そのため，初期段階での「無料配布」や「低廉な価格設定」のようなネットワーク育成策が不可欠と，Rohlfs [1974] は墨守した．

この「クリティカル・マス」の研究に関しては，Rohlfs [1974] 以前にイノ

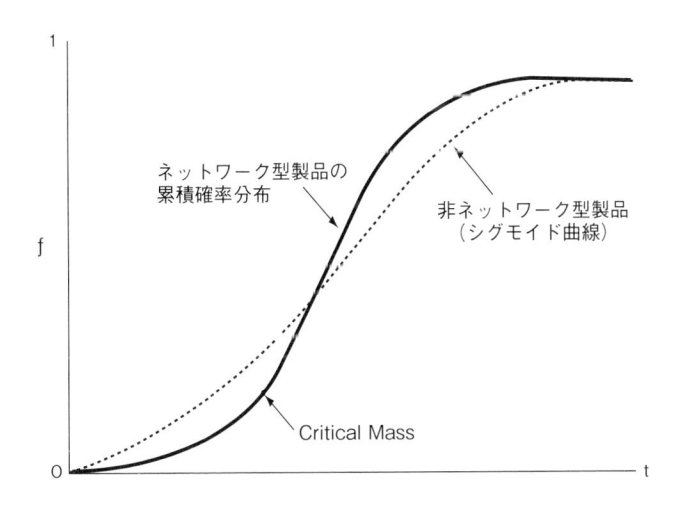

図表5-2 クリティカル・マス

(出典) Rogers [1962]

ヴェーション普及分析の Rogers [1962] がある．Rogers [1962] では，通常の製品の普及曲線と比較して，「ネットワーク型製品」[11] はクリティカル・マス（閾値）まではゆるやかに普及し，そのクリティカル・マスを過ぎると加速度的に普及するとした（図表5-2を参照されたい．f は普及率，t は時間）．なお，Rohlfs [1974] を分析検討した Farrell and Saloner [1986] は，インストールベースや情報の不完備が存在する状況下，ネットワーク外部性の強く働く製品の利用者による意思決定が，社会的厚生の見地からは最適でない技術の採用（adoption）を誘発することがあることを示唆した[12]．

3　Leibenstein理論とバンドワゴン効果

　ここまで，「ネットワーク外部性」の基礎的概念について述べ，技術普及のための「自社のファミリーづくり」の重要性と「複数均衡」の概念を確認した．それは，チャネル間競争におけるメーカーの流通チャネルづくりと同型の視座を共有するものと考えられる．次に，チャネル間競争の特質を鑑みるにあたり，まず，バンドワゴン効果に瞠目した Leibenstein [1950]，そして，Katz and Shapiro [1985][1986][1994] の議論を手がかりにしながら，現状を踏まえて敷衍していく．

　まず Leibenstein [1950] の分析は，互いに拮抗するシステムが同時に市場に提供されている場合に，将来の市場占有率をも織り込む需要構造に応じて，最終的にどのシステムが市場で勝者となるのかを論じたものである．その目的は，技術的優劣の異なるシステムが併立・併存する中で，事実上の標準（*de fact standard*）がいかにして生成されるかを明確にすることに通ずる．

　需要の外部効果として Leibenstein [1950] は，個人の需要曲線の和が総需要曲線にならないという Morgenstern の指摘に対して，その要因として以下のように整理した．すなわち，(1) 他の各主体が多く消費する財を消費すること

を好むバンドワゴン効果(bandwagon effect),(2)他の主体が消費しない財を消費することを好むスノッブ効果(snob effect),(3)各主体が財の価格が高いものを好み,価格が高くなるほど消費が多くなるヴェブレン効果(Veblen effect),の3つの外部効果である.

とりわけ,彼はバンドワゴン効果について注目する(図表5-3を参照されたい).まず彼は,バンドワゴン効果として,個別の需要関数(d_i)は,特定の製品の価格(g)だけでなく市場の需要関数($D = \Sigma d_i$)にも依拠しているため,個別の需要関数は$d_i(g, D)$と表せ,($\partial d_i/\partial D > 0$)になるとした.図表5-3を検討すると,個別需要$d_1$は小規模の市場需要$D_1$をもとに,個別需要$d_2$は大規模市場需要$D_2$をもとに引いた各個別需要である.個別需要$d_2$はバンドワゴン効果によって,$d_1$よりも大きくなっている.価格が$g_1$から$g_2$に下降した際,個別需要量は$q_1(g_1, D_1)$から$q_2(g_2, D_2)$へ増大する.個別需要量の増分の内,$q_1'$から$q_2$はバンドワゴン効果となる.そして,$q_1$から$q_1'(g_1, D_1)$

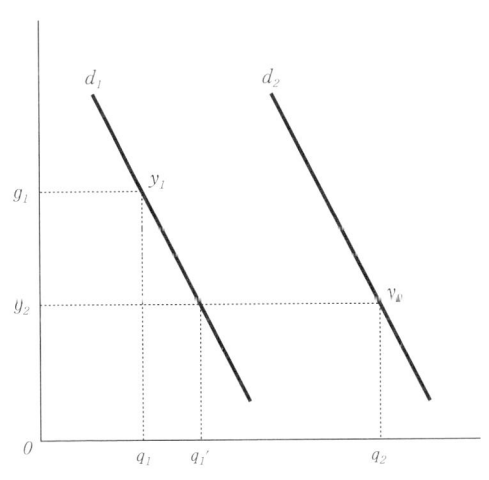

図表5-3 バンドワゴン効果

(出典)Leibenstein [1950]

は価格効果によるものと考えられる．均衡個別の需要曲線は均衡点 y_1 と y_2 を結んだ場合の直線となり，バンドワゴン効果によって，個別需要曲線はより価格弾力的になることが理解できる．

その意味で，ネットワークの外部性とは，このバンドワゴン効果とネットワークの直接的物理効果に着目して理論化したものであるといえる．同質的な製品・サービスを提供するチャネル間の競争では，新規参入者がチャネルを選択する際，既存加入者の多いチャネルを選択するというものである．理由は，同質的な製品・サービスを提供するものであれば，多くの加入者をもつチャネルの方が新規参入者にとって高い効用をもたらすと考えられるからである．同時に，チャネルの既存加入者が新規参入者によって便益を享受することも意味している．つまり他者の行動が自己の効用関数の中に直接入ってくることが，新規既存両主体から生まれていることが指摘できよう．

4　Katz and Shapiro 理論とネットワーク構造

以上が，Leibenstein [1950] によって一応の総括を与えられている需要の外部効果の研究である．この Leibenstein の外部効果に関する分析を Katz and Shapiro [1985] が寡占市場における需要の正の外部効果として拡大適用することによって，標準化過程の検討に新たな分析用具を提供したものとなった．

Katz and Shapiro [1985] は，寡占市場の需要のネットワークの外部効果として，次の点を提示し，逐次番 (sequential move) の標準化競争における「先手番の利」を論証した．

(1) 標準化が補完財を通じた間接的影響を生み出すこと．パソコン・ビデオ機器・ゲーム機等ハードウェアの販売市場率が，その機種で利用可能なソフトウェアの種類や多様性を示す尺度となる相乗効果．

(2) 利用数自体が財の品質を直接的に規定すること．電話・FAX等の情報通信市場における直接的物理効果によるネットワークの外部効果．
(3) コンピュータ等の場合，購買後のアフターケアが利用者の効用に影響するサービス網ネットワークの外部効果．
(4) 人気のある製品ほどその情報入手が容易なので，利用者が人気のある製品を選択すること．
(5) 市場占有率の高さが財の品質の良さを示唆していること．
(6) 心理的バンドワゴン効果．

この「先手番の利」を図5－4に見てみる．通常，メーカーの費用は，累積生産量の増加により，C_1からC_2へと下がってくる．当初，先発メーカーはC_1まで費用を支払う必要があるが，事業が軌道に乗れば，C_2にまで費用は下がってくる．この先発メーカーよりも後に，市場参入する後発メーカーは，そ

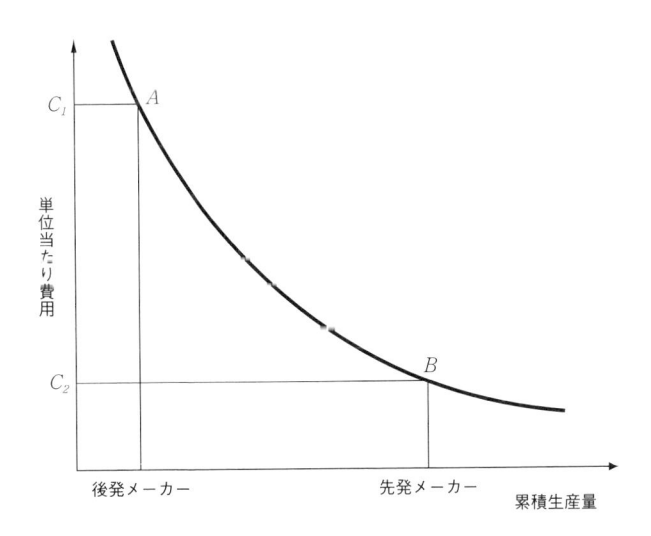

図表5－4 先発メーカーと後発メーカーの費用曲線

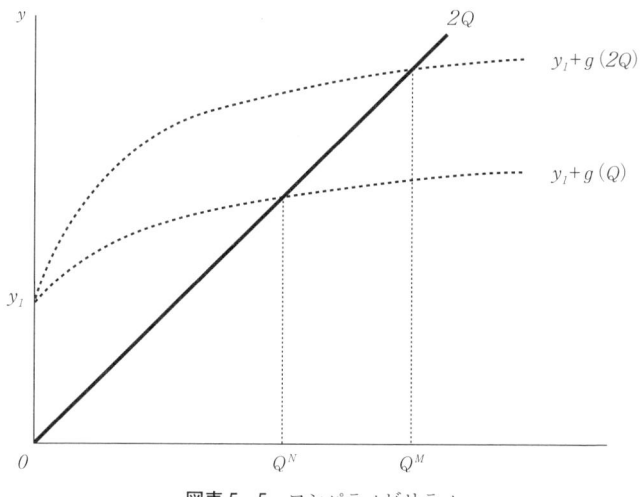

図表 5-5 コンパティビリティ

の先発メーカーがすでに，C_2の費用で生産しているB点の時，先の時点のメーカーがC_1であった費用，つまりA点で，市場参入しなければならなくなる．これは，メーカーにとって，大いなるハンディを抱え込んでの市場参入を示唆することになる．このことは，リープフロッキングの弱い「先手番の絶対的な優位性の原理」といってもよいであろう．もちろん先発メーカーにも失敗のリスクはあるし，絶えず新規投資の必要がある．しかしながら，先発メーカーが自社の優位性を確立した後から，後発メーカーが独自の基準や規格を導入することに困難性が生じるのも確かである．

ここで Katz and Shapiro [1985] のモデルの基本的仮定を確認しておく．

まず，効用関数は製品・サービス自身の便益(w)とネットワーク規模(f)から獲得する便益(g)の和(y)となる($y = w + g(f)$)とする．$g(f)$はネットワーク外部性となる．

次に，モデルは2期で，首期に顧客はネットワーク規模の便益を望む．次期に企業は価格を決め，顧客はネットワークに参加すべきか否かを決める．

また,寡占市場において,等質のサービス・製品で,企業の費用は2種と想定する(①サービス提供の費用,②規格のコンパティビリティ費用).規格のコンパティビリティ費用(compability cost)は,企業が別企業の規格に合わせる勝ち馬に乗る場合と,複数企業がコンパティビリティをコンソーシアムで共同開発する場合がある.そして,顧客のネットワーク規模の期待を所与とし,企業はゲーム理論的相互作用関係を踏まえて生産量を決める.そこにおいて,一意の対称的な寡占均衡解が導かれる.

この基本的仮定を基に,Katz and Shapiro[1985]は以下の結論を導いた(図表5-5を参照,縦軸を「y：便益の総和」,横軸を「Q：生産量」とする).

(1) ネットワーク外部性は規格のコンパティビリティの問題と密接に関連し,規格のコンパティビリティのない場合(N),生産量(Q)は規格のコンパティビリティがある場合(M)より小さい($Q^N < Q^M$).
(2) 消費者余剰(A)・利潤(Π)・社会的厚生($B = A + \Pi$)ともに,規格のコンパティビリティのない場合(N)が規格のコンパティビリティがある場合(M)よりも小さい($A^N < A^M$,$\Pi^N < \Pi^M$,$B^N < B^M$).
(3) 規格のコンパティビリティの社会的インセンティヴ($\partial B = B^M - B^N$)は規格のコンパティビリティの私的インセンティヴ($\partial \Pi = \Pi^M - \Pi^N$)より大きい($\partial B > \partial \Pi$).
(4) 勝ち馬に乗る規格のコンパティビリティにおいては,規格のコンパティビリティ費用が一部企業のみの負担となるため,総体的に,規格のコンパティビリティへの過少投資が生じる可能性がある.
(5) プレ・プロダクションでのコンソーシアム型共同開発のスタンダード化による規格のコンパティビリティでは,規格のコンパティビリティ費用をZとすると,Zが私的インセンティヴを上回るが,社会的インセンティヴを下回るケース($\partial \Pi < Z < \partial B$)では,コンソーシアム型共同開発のス

タンダード化による規格のコンパティビリティが社会的に望ましくとも，企業は規格のコンパティビリティを進めようとしない．

また，その後，Katz and Shapiro は，1986 年の論文の中で，タイプライターやコンピュータのキーボード等に共通のレミントン社開発「QWERTY 型」配列（上段左から QWERTY と配置されている）のように，特定の技術習得能力が必要なシステムの場合，一定期間の訓練が必要とされるためネットワークの外部効果を導くとした[13]．たしかに，もっと合理的な配列を提案した試みは「DVORAK 型」配列・「DEALEY 型」配列等，たくさんある．それでも一度受け入れられた配列は，なかなか他の配列には取って代わられない．

その後，Katz and Shapiro [1992] は，1985 年の論文を敷衍し，生産の限界費用が，時間とともに逓減するような状況下で，新たな技術の導入のタイミングが，社会的厚生の見地から時期尚早に生じるのか否かを追求した．これは，ネットワークの外部性の存在状況下で，新たな技術導入がいかに行われるかという問題の検討に繋がる．

Katz and Shapiro [1985][1986][1992] の研究は，チャネル間の競争におけるネットワーク構造の分析に 1 次元広い視野を開いたという点で評価されるものといえる．なお，Katz and Shapiro は，1994 年の論文の中で，標準化競争は政府介入の実証研究でも試みるに値すると展望しており，その視座は Leveque [1995] に受け継がれた．

5 ネットワーク外部性モデル

これまでの「ネットワーク外部性」の考察を踏まえ，次項のために以下でモデル化しておくことは重要である．

まず，「ネットワーク外部性」という外部効果が生ずることを仮定する．そ

の場合，Rohlfs[1974]でみたように，初期段階で「低廉な導入価格」を設定することが有利となる．ここでは，Katz and Shapiro[1985]と同様，2期モデルを考え，単純化のため，各期の収入を$R_t(q_t)$，t = 1, 2という関数で示し，q_1を第1期の生産量，q_2を第2期の生産量とする．そして，第2期の収入が第1期生産量にも依存するとしよう．すなわち$R_2(q_2, q_1)$である．これは第1期販売量が大きいほど第2期首においてネットワーク構成者数（以下，チャネル構成者数とする）が多いため，ネットワーク外部性によりこの製品からの便益が増加し，右上へ第2期の需要曲線が移行するためである．つまり，$\partial R_2/\partial q_1 > 0$である．経験効果は存在しないこととし，両期とも平均費用はcで一定としよう．すると企業利潤の現在価値Vは，割引因子をβとして，

(5.3)　　$V = R_1(q_1) - cq_1 + \beta [R_2(q_2, q_1) - cq_2]$

となる．最大化条件は

(5.4)　　$\dfrac{\partial V}{\partial q_1} = \left(\dfrac{\partial R_1}{\partial q_1} + \beta \dfrac{\partial R_2}{\partial q_1} \right) - c = 0$

(5.5)　　$\dfrac{\partial V}{\partial q_2} = \beta \left[\dfrac{\partial R_2}{\partial q_2} - c \right] = 0$

となる．(5.5)式は通常の限界収入＝限界費用の条件である．

他方で，(5.4)式は，$\partial R_2/\partial q_1 > 0$より，短期の限界収入（$\partial R_2/\partial q_1$）＝限界費用（$c$）となる生産量よりも大きい生産量が最適であることを表している．換言すれば，(5.4)式のカッコ内を長期的な限界収入と呼ぶことができ，これと限界費用がイコールとなるべきであることを示唆する．長期的な限界収入は，短期の限界収入に，チャネル構成者数を増やすことにより「ネットワーク外部性」を通じて将来の収入を増やす効果を付加したものである．この後者の

効果が大きければ大きいほど，長期的限界収入は短期的限界収入を上回り，最適生産量は増加する．需要曲線右下がりの法則により，これは第1期の最適価格がより低いことを示唆する．

　以上，ネットワーク外部性のモデル化を行った．またここで，このような「ネットワークの外部性」が顕在化する要因をICTとの関係から，提示しておくことは枢要であると考える．それは，以下のように提示できよう．

(1) 製品の供給主体である企業が，ICTの普及とともにグローバル化し，経済的視点から世界的相互依存度が高まったこと．それによって，顧客の製品に関する選択範囲の拡大を促したが，顧客が製品の情報に関する十分な知識をもてない，という情報不完備が存在する．
(2) POS等に代表される「流通の情報化」により売れ筋商品のみを店頭にならべる「流通戦略」が普及・浸透したこと．顧客の選択はその事実によって制約され，事実上選択の幅を制限される．
(3) 顧客の利用する特定の流通チャネルによって，製品の情報提供も特定の製品に偏ること．製品の供給主体である企業が，自らの情報が各主体の決定にどのような影響を与えるかを計算し，自らに最も有利な結果を導くよう能動的に，情報の戦略的歪曲を行うことがあったとしても，おかしくない．
(4) 情報通信産業にみられるように，ICTの革新が激しく，技術標準化が期待される市場では，顧客の購買時に，補完財を通じた効用の間接的影響を顧客に与えること．

　以上，本節では，ネットワーク外部性のモデル化と，現在のチャネル間競争において，「ネットワーク外部性」が顕在化する要因を示した．
　そこにおいて，われわれは各チャネルが1つだけしか存在せず，複数チャネ

ル間の競争がない場合について考えてきた．そこでの結論は，まず，Rohlfs [1974] に依拠し，一般にネットワークが成立しない状況（$f = 0$）と多数のチャネル構成者（潜在的なチャネル構成者を含む）が加入する状況（f_L）という2つの均衡がともに「安定」ということであった（図表5-1のOとf_Lを参照されたい）．加えて，Farrell and Saloner [1986]，Katz and Shapiro [1985] では，情報の不完備が存在する状況下，多数のチャネル構成者が加入するチャネルのほうが，社会的厚生の見地からは，その厚生が高いにもかかわらず，ネットワーク外部性の原理では，そのチャネル規模がクリティカル・マスを越えるまでは拡大均衡へ向かう動きを封じ込める，というものであった．

それでは，複数のチャネルが競争する場合においては，いかなる問題が発生するのであろうか．通常，外部性が存在しない場合，社会的厚生を最も高める効率的資源配分を，市場が実現するといわれる．そのような状況においては，より低コストで市場に新規参入できれば，既存企業は完全に駆逐されるので，社会はその厚生を最も高めることが可能となるはずである．

では，複数のチャネル間の競争で，「ネットワーク外部性」が存在する時にも，市場に任せていれば，社会的資源配分が行われるのであろうか．「ネットワーク外部性」は，そのようなことを不可能とすると考えられる．では次の節において，そのことを前項までの理論を踏まえながら今一度簡単なモデルで示しておこう．

第3節　複数チャネル間の競争構造

1　同質のチャネル間競争

今，仮に，X（垂直的統合）とY（戦略的提携），あるいはY（戦略的提携）と

Y（戦略的提携），または X（垂直的統合）と X（垂直的統合）という各流通チャネルが存在するとする．ここでは，この X と Y は，完全に同質な流通サービスを提供すると仮定する．だたし，費用は異なり，X のチャネルの提供する流通サービスの限界費用 c_x は，Y のチャネルの提供する流通サービスの限界費用 c_y よりも低いと仮定する[14]．すると，これらの流通サービスの市場価格は c_x および c_y に等しいことになる．

ここで今，すべてのチャネル構成者（メーカー・卸売業・小売業）が全加入した場合の2つのチャネルの流通サービスを等しく1と評価することにする[15]．

つまりここでの前提的条件は，

(5.6) $\quad 1 - c_y > 1 - c_x > 0$

となる．

潜在的なチャネル構成者を含め，重要となるのは，X と Y のどちらのチャネルに参加するかである．仮に X チャネルの参加率を x とし，Y チャネルへの参加率を y とする．全チャネル構成者が，X，Y どちらかのチャネルに参加する状況（$x + y = 1$）を想定しよう．全チャネル構成者数は1とし，そこにおける X と Y のチャネル参加率の相関関係は，図表5-6で右下がりの直線として示すことが可能である．

チャネル構成者が X チャネルに加入することで得る効用は，

(5.7) $\quad 1 \times$ チャネル参加率

で表されることを前提とすれば，X チャネルの提供する流通サービスの純効用は

(5.8) $\quad x - c_x$

となる．Y チャネルに参加する場合と純効用は同じく，

第3節 複数チャネル間の競争構造

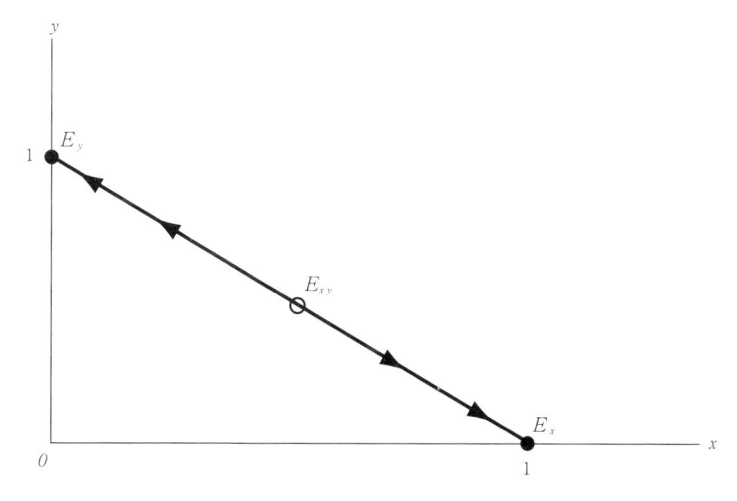

図表5-6 同質チャネル間競争

$$(5.9) \quad y - c_y$$

となる．ここにおいても前項と同様，チャネル構成者が増加するに従ってそのネットワークたるチャネルの価値が上がるという「ネットワーク外部性」が働いている．

この図表5-6に表されるように，この状況は，y均衡，x均衡，xy均衡という3つの均衡が存在するものとなる．この図表5-6におけるE_y点，つまり$y=1$ ($x=0$) は一つの均衡となっている．その理由は，全チャネル構成者がYチャネルに参加している場合，チャネル参加者0のXチャネルが将来する効用は0のため，どのチャネル構成者もXに切り換えようとしないためである．これがy均衡となる．また，図表5-6におけるE_x点，つまり$x=1$ ($y=0$) もひとつの均衡となっている．このときにも，y均衡の成立理由と同様，全チャネル構成者がYチャネルにとどまる状況がロックインされる．

しかしながら，2つのチャネルの参加率が，

(5.10) $\quad y - c_y = x - c_x$

の条件を充たす場合，全チャネル構成者にとって2つのチャネルのどちらに参加するかは無差別となる．

しかし，(5.10)式の時，チャネル構成者は，現在，参加しているチャネルから別のチャネルに切り換える必要もないため，E_{xy}の状況は極めて不安定となる．仮に，いずれかの理由により，たとえばxが(5.10)の右式を充たす値よりも幾ばくか大きければ，全チャネル構成者はXチャネルをより効用が高いとし，Yチャネルの構成者もXチャネルに切り換えてxは一層大きくなり，最終的には全チャネル構成者がXチャネルにシフトし，X均衡が成り立つ．それはまた，yがXY均衡の値より大きいなら，Yチャネルへのシフトが起こり，Y均衡が成立するまで，そのシフトは続く．

この3均衡を社会的厚生の点からみると，Y均衡が最も厚生が高く，X均衡，XY均衡と順次厚生は低くなる．つまり，仮にその均衡がロックインされればY均衡のほうが社会的厚生が高くとも，x均衡のほうが安定的となる．

この帰結は，直ちに以下の説明を導き出す．つまり，たとえば一店一帳合制，テリトリー制，再販価格維持行為，専売制，店会制，委託販売制，払込制，リベートなどの流通慣行に基づいて，「垂直的統合」のX均衡が成り立っているところへ，より効率的なYチャネルの「戦略的提携」が参入しても，当初は戦略的提携への切り換えは起こらない．その理由は，垂直的統合のチャネル構成者が，新たなICTなどを導入し，戦略的提携へ切り換えれば，垂直的統合を通じて取引可能なこれまでの流通業者を失うからである．この例は，垂直的統合のチャネル構成者が，戦略的提携は未だ十分な「正のネットワーク外部効果」を持っていないと判断した場合である．しかしこれは，今後も垂直的統合のチャネル構成者が流通慣行に縛られ，社会的非効率的なチャネルが温存される可能性があることをも示している．裏返せば，前述のKatz and Shapiro

[1985] [1992] の通り, 必ずしもチャネル間競争は社会的に効率的な資源配分を導くとは限らないことをも示している.

しかしながら, 新たなより効率的な「戦略的提携」が充分な ICT 活用によって, チャネル参加率を「クリティカル・マス」以上にすることができれば, 戦略的提携へのシフト現象が現れる.

もちろん, ここでは従来の「垂直的統合」のチャネルよりも,「戦略的提携」のチャネルのほうが効率的であるか否かという判断が決定的に枢要となる. だが, 効率的とされないチャネルを効率的と誤認したときでも, チャネル参加率がクリティカル・マスを超えていれば, 非効率的チャネルが優位性をもつ状況が招来される可能性がある.

2 異質のチャネル間競争

ここまで, われわれは, すべてのチャネル構成者に対し, X チャネルと Y チャネルともに, 同質的流通サービスを提供し, 双方の効用はチャネル参加率に依存し, そこで「ネットワーク外部性」が作用するとした. そこにおいて, チャネル間競争は, たとえば垂直的統合と戦略的提携のどちらか1つのチャネルの成立しか許容しないことを考察した. しかしながら, 現実には, 複数のチャネルの共存も考えられよう. 複数のチャネルが共存する可能性があるのは, 異なるチャネルに対する選好がチャネル構成者ごとに異なっている場合である[16].

ここにおいて, 特定産業に2種類のチャネル構成者が存在すると仮定しよう. たとえば, 一方のAタイプのチャネル構成者は, X チャネルとしての「垂直的統合」の流通サービスを, Y チャネルとしての「戦略的提携」の流通サービスよりも高く評価するとする. Bタイプのチャネル構成者は, 逆に Y チャネルの流通サービスのほうをより高く評価するとしよう. このようにチャネル構成者間に選好の異質性が内在する場合, いかなるチャネルの均衡が成り立つのであ

ろうか.
　ここでは2つの前提条件を設定する.

(1) Xチャネルとの共存する均衡においては, Aタイプ・Bタイプ双方のチャネル構成者がXチャネルとYチャネルに同時に参加することはありえない.
(2) いずれかのタイプのチャネル構成者が, XチャネルとYチャネルに無差別で, 他のタイプの流通業者が, 一方のチャネルを選ぶ状態も, 均衡となりうるが, それらは不安定な均衡である.

このような条件にあるチャネル構成者は少しの衝撃でもXチャネルかYチャネルかどちらかに特化することになる.
　つまり, 複数チャネルの均衡が安定的な均衡として現出するのは, Aタイプのチャネル構成者すべてがXチャネルに参加し, Bタイプのチャネル構成者がすべてYチャネルに参加する時に限定される. したがって, このモデルでは, 安定的な複数チャネルの共存均衡の場合, 2つのチャネルは全く異質なチャネル構成者グループをもち, 一業者のチャネル構成者がXとY双方のチャネルへの参加はありえない.
　実際に, この共存均衡は成り立つのであろうか. ここでは, 林敏彦 [1994] を援用する[17]. 彼は, 特定産業全体に占めるAタイプのチャネル構成者とBタイプのチャネル構成者の比率が適当な範囲にあれば, この産業には, たしかにXチャネルとYチャネルとの共存均衡が成り立つという. それを図示したのが図表5-7である. 図表5-7は縦軸に$v(y)$, 横軸に$v(x)$をプロットしている. 図表5-7の右下がりの曲線は, $v(x)^2 + v(y)^2 = 1$の場合, $v(x)$と$v(y)$の関係を示す. 直線OAは, $v(y) = a$の時, $v(x)^2 = 1 - a^2$を示し, Aタイプのチャネル構成者はこの直線から右の領域ではXチャネルを選択し,

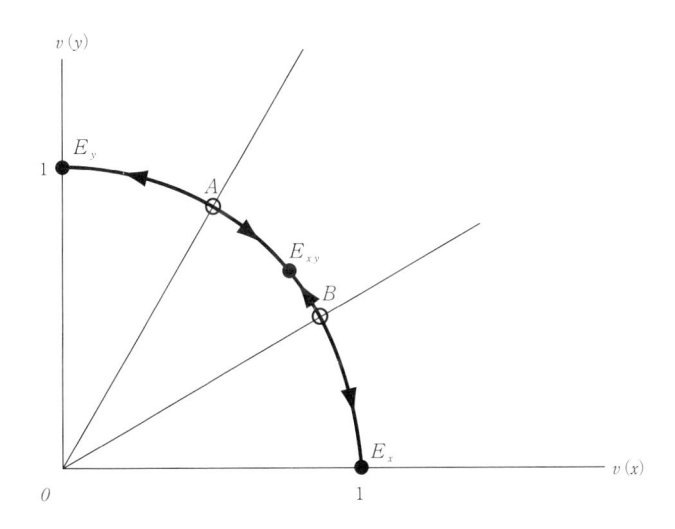

図表 5-7　複数チャネル間競争

(出典) 林敏彦［1994］p.138 を加筆修正

左の領域ではYチャネルを選択する．直線 OB は，$v(x) = b$ の時，$v(x)^2 = 1 - b^2$ を示し，タイプBのチャネル構成者はこの直線から上の領域ではYチャネルを選択し，下の領域ではXチャネルを選択する．ゆえにE_yは双方ともYチャネルを選択する均衡，E_xは双方ともXチャネルを選択する均衡となる．

また，図表5-7の点E_{xy}は，曲線 AB 上に位置することを示しており，この点が2つのチャネルが共存する均衡となっている．均衡が成り立つための条件として示した仮定は，点E_{xy}が直線 OA と直線 OB とで囲われる領域内にあるという前提となる．図表5-7の矢印から判るように，3つの均衡は安定的均衡となっている．なおE_{xy}においては，v関数の形次第で，社会的厚生が最大となる場合が想定できる．

第4節 小　括

　以上の複数のチャネル間競争モデルは，かなりの程度，抽象的であるといえよう．しかしながら，その抽象度を超えてモデルの存在を誇示しているのは，現実に表れている垂直的統合，戦略的提携という2つの流通チャネルの姿に実際に迫っている一面があるのも事実だからである．ここで看過してはならないのは，ここでいう「ネットワーク」を流通チャネルとして考えた場合，それは物理的経路が重要なのではなく，メーカーと流通業者の間のチャネルが「連結」を礎に動態的に生成進展していっているという点である．

　事実，これまでのマーケティング領域における「デモンストレーション効果」の研究では，ICT革新が後押しした「ネットワーク外部性」という外部効果と同様，特定の顧客が自己の判断だけで消費の選択をするのではなく，自己の消費が他人の状況（自己を取り巻く人々の意向や社会の動き）に依存している消費の相互依存性，あるいは需要の相互依存性が主張されている[18]．つまり，これは，特定の顧客の選択・購買行動が，直接，他の主体から影響・インパクトを受ける消費行動であり，「需要における規模の経済性」と称されている．これは，2種類に区別でき，他の主体の行動が，特定の顧客の効用を高め，便益を与える場合と，逆にその顧客の効用を下げ，消費行動をマイナス・損害に導く場合がある．

　これらに通暁している住宅，自動車，食品，レジャー，ファッション等のマーケティング部門，あるいは「クチコミ」の製品販売を柱とするネットワーク・ビジネスでは，インターネットを含めたさまざまなチャネルを活用し，潜在的需要を掘り起こす目的で，顧客に新たな生活・ライフスタイル，新たなブランド価値を提案し，顧客価値の創出を行っている[19]．映画，出版産業においても，1970年代の「角川映画」から端を発したマーケティング戦略のように，

テレビ・映画・出版の3者連動によって，潜在需要，先取り需要を把握し，それを具現化し輪を広げていくマーケティング手法が行われている[20]．

これらは，極めて枢要な問題であるといわざるをえない．こうした問題の重要性を踏まえれば，1980年代以降，特にマーケティング論においても，取引費用概念や信頼概念と並んで「ネットワーク外部性」の問題に，特に焦点があたったのも当然といえるであろう[21]．

そしてこれ以後，多くの研究者が，精力的にこれらの問題と取り組んでいる．その過程でWeibull［1995］のように戦略的な相互補完性を想定したより精緻なゲーム理論や産業組織論における戦略的行動論やコンテスタブル・マーケット理論との部分的融合が生じ，さまざまな概念，技法や分析用具が導入され，極めて活発な動向が顕現している[22]．特に，ICTの進展の中で，取引費用，信頼概念そして，ネットワーク外部性の重要性を，再度強調しておきたい．

以上のRohlfs［1978］やLeibenstein［1950］，Katz and Shapiro［1985］［1986］［1992］等による「ネットワーク外部性」に関する議論を，「取引費用パラダイム」と「関係性パラダイム」に補助線として組み合わせれば，ようやくICTと流通チャネルを考察するうえで，その位置を再定位しうる理論的可能性が浮かび上がってくるのである．

ここまでを振り返ると，メーカーにおいて形成された流通チャネルは，その内部に権限と統制のメカニズムを確立し，この限りにおいてこのチャネルは，市場取引と比べた場合の取引費用を節減するように機能し，メーカーと流通業者間を橋渡しする．具体的に，実存する流通チャネルの存立状況を鑑みるならば，そこには取引費用の節減や信頼の形成以外の要因が，たとえば競合企業との対抗関係や事業そのものの拡大意欲など，ネットワーク外部性にからむ外部効果等のさまざまな要因が絡み合っているといえるであろう．

この意味において，メーカー主導によるチャネルの形成，あるいはICT革

新のもとでのさまざまな複数のチャネル間競争の中では，取引費用や信頼だけをその説明変数，独立変数とするというよりも，競争概念に関係するネットワーク外部性の議論をそこに組み合わせることで，新たな視角を生み出していくものと本書では考え，検討・考察した．

注

1) もちろん，そのような発展は極めて広範囲にわたるものであったから，本書が検討の対象としえたのはごく一部にすぎなかったであろうし，その整理には未熟なものも含まれたかもしれないが，本書の視点から理論的整理を行ってきた．

2) ここでは，具体的にICTが導出する「ネットワーク外部性」という外部効果に注視する．通常の外部効果とは，市場を通さずに各主体の行動が，直接，市場外の第3者に影響を与える現象のことである．外部効果は2種類あり，ある主体の行動が市場外の第3者の効用や生産性を高め，便益を与える場合を正の外部効果(external economies)，逆に効用や生産性を低め，損害を与える場合を負の外部効果(external diseconomies)と呼ぶ．外部効果が存在する場合，市場では解決できない問題に対してのアプローチが可能となる．通常の外部効果との相違点として，ICTがもたらすネットワーク外部性は，その内外の境が不明確で，外に存在する第3者も，ネットワークに参加(チャネル構成者)となれば，当事者(受益者または被害者)となる点があげられる．

3) たとえば，垂直的統合と戦略的提携，戦略的提携と戦略的提携，垂直的統合と垂直統合の3パターンが考えられよう．

4) 競争の緩和とは，競争相手と友好な関係をつくって敵対行動を防ぐなど，市場における競争状態を緩やかにすることを指している．

5) Rohlfs [1974] A Theory of Interdependent Demand for a Communication Service, *Bell Journal of Economics*, Vol.4, pp.16-37.

　　Leibenstein [1950] Bandwagon, Snob, and Veblen Effects in the Theory of Consumer's Demand, *Quality Journal of Economics*, Vol.64, pp.183-207.

　　Katz and Shapiro [1985] Network Externalities, Competition, and Compatibility, *American Economic Review*, June, pp.424-440.

　　Katz and Shapiro [1986] Technology Adoption in the Presence of Network Externalities, *Journal of Policy Economy*, August, pp.822-841.

　　Katz and Shapiro [1994] Systems Competition and Network Effect, *Journal of Economic Perspective*, Vol.8, Spring.

6) Dosi [1982] Technological Paradigms and Technological Trajectories, *Research*

Policy, Vol.11, pp.147-162.
7) 市場で占有するポジション変化の原則が，より現出した典型例が，VTRにおけるVHSとベータの競争や，パソコンにおけるウィンドウズとマッキントッシュの競争であろう．いったんファミリーづくりによって優位に立った技術規格は，ますますその支配的地位を高める現象がみられた．
8) Mansell [1995] *Standards, industrial policy and innovation*. Hawkins *et al.*, [1995] *Standards, Innovation and Competitiveness*, Edward Elgar, pp.213-227.
9) Basen [1995] *The standards processes in telecommunication and information technology*. Hawkins *et al.* [1995] *Standards, Innovation and Competitiveness*, Edward Elgar, pp.136-146.
10) Oren and Smith [1981] Critical Mass Tariff Structure in Electronic Communications Markets, *Bell Journal of Economics*, Vol.2, pp.67-487 も Rohlfs [1974] 同様，比較的早い段階で「ネットワーク外部性」に注目し，独占的・寡占的企業行動に注目した．
11) Rogers [1962] *op. cit.*「ネットワーク型製品」とは，わかりやすくいうと，ビデオやコンピュータ分野におけるハードとソフトのような，顧客の購買・普及時に両者が相互作用をもち，製品の価値がハードの価格性能比だけではなく，ソフトの豊富さ，バージョンの新しさ等によって決まる製品のことである．
12) Farrell and Saloner [1986] Standardization and Variety, *Economic Letters*, Vol.20, pp.71-74.
13) これ以前に「キーボード配列」に注目した論文として，David [1985] CLIO and Economics of QWERTY, *American Economic Review*, Vol.75, No.2 がある．
14) ここでは，ネットワーク外部性を考慮し，これらのチャネル提供する流通サービスの生産は「規模に関する収穫不変」の技術をもつメーカーによって行われることを前提とする．
15) この前提により，均衡ネットワークの規模の内生的に決定するメカニズムは失うが，チャネル相互の競争の論点は明確となる．また，全加入が現実となれば，各チャネルの示す効用から費用を差し引いた純効用は，各チャネルについても正であるとしておく．
16) 前述の通り，この消費行動における「選好」の重要性は看過してはならない．
17) 林敏彦 [1994]「ネットワーク経済の構造」林敏彦・松浦克己編『テレコミュニケーションの経済学』東洋経済新報社，pp.134-139.
18) Galloway and Meek [1981] Audience uses and gratifications: an expectancy demonstration model, *Communication Research*, 8, pp.435-450.
19) たとえば，都市生活における1970年代の郊外一戸建ての提案から，80年代の首都圏マンションの提案，バブル期のセカンドハウスの薦め等，広告，雑誌，TV等のメ

ディアを通し，ライフスタイルの提案を行ってきた住宅産業，あるいは自動車とライフスタイルの提案を同時に示す自動車産業のメディア・マーケティング戦略等は，周知である．80年代を総括し，90年代の消費行動をマーケティングの視点から展望したものに，日経広告研究所研究会編［1989］『多価値化社会』日本経済新聞社，pp.49-84 がある．

20) 岡田茂・角川春樹［1977］「映画産業は甦ったか：3者連動マーケティング」『週刊東洋経済』11月12日号，東洋経済新報社，pp.62-69．また，メディアを活用した「クチコミ」や「噂」によって消費者の輪を広げてゆく研究として，松田美佐［1996］「普及初期におけるメディアの噂」『東京大学社会情報研究所紀要』第52号，pp.111-134 を参照されたい．その他，企業（ヒューレット・パッカード社）側の「消極的マーケティング」に対し，「顧客間インタラクション」の形態に注目して，ネット上の噂や評判から HP200LX の日本語化（ユーザーのソフトウェア開発）を行った成功例を取り上げている國領二郎・田村隆史・森田正隆［1997］「共感が生み出す価値」Nifty ネットワークコミュニティ研究会『電縁交響主義』NTT 出版，pp.244-269 も参照されたい．

21) 栗木契［1996］「マーケティングにおける新製品の普及モデル」『マーケティング・ジャーナル』56，pp.58-66.

22) Weibull［1995］*Evolutionary Game Theory*, The MIT Press.

第6章　供給連鎖から顧客共創連鎖へ

第1節　はじめに

　ここまで1つは「垂直的統合」，いま1つは「戦略的提携」を，マーケティング論の観点から理論的に検討してきた．2つは，いずれも，企業間における分断された流通の仕組みであることに相違いない．

　近時，このような企業間の分断された流通チャネルを，(1)生産から最終顧客に至る1つの一貫したシステム，(2)顧客あるいはNPO等を組み込んだシステム，の視座から再編成しようとする試みがなされはじめている．

　ここにおいて取り上げるテーマは，これまでのICTと流通チャネルの考察から導かれた「流通チャネルの再編成」，つまり「システム転換」と「チャネル構成者の組換え」の問題である．

第2節　システムの構造と転換

　生産から顧客に至るひとつの一貫したシステムを考える場合，これと合致する実際の動向としては，供給連鎖(SCM：Supply Chain Management)としての効

率的消費者対応(ECR:Efficient Consumer Response)ないしは納期短縮(QR:Quick Response)が考えられる.しかし,これらを具体的に検討する前に,そのシステムの構造と転換を俯瞰して考察しておくことは重要である.

通常の「目的にそって展開されたシステム」,ここでは流通システムの研究の中では,以下のような基本的な了解をもっているとされる.それを確認しておこう.

一般に受け入れられている流通のシステムの理解とは,流通システム内の要素間(あるいは元間:ここではメーカー,卸売業,小売業等)の相互依存によって,流通システムに包摂される複雑性が生起するものと把握し,流通システム内の相互関係を同定する方法である.

通常,対象をいかなる関係として理解したかを示すものがシステムモデルである.つまり,対象の領域(流通部面)と,成立している関係(メーカー,卸売業,小売業)を表現したものがシステムモデルである.これを実際に明示的に表現する方法はさまざまであるが,もっとも直線的で一般的な表現のひとつは以下のように数学的構造として流通のシステムモデルを表現することであろう.

流通システムモデル

(定義1)

流通システムモデルとして,台集合 M を置く:

(1) 台集合 M 上の $\mu(j)$ 項関数の集合 $\{f_j \mid j \in J\}$,
   なお,$\mu : J \to N$.
(2) 台集合 M 上の $\lambda(i)$ 項関係の集合 $\{R_i \mid i \in I\}$,
   なお,$\lambda : I \to N^+$;

以上により M は，

$$M = \{M\,;\,\{f_j \mid j \in J\},\,\{R_i \mid i \in I\}\}$$

となる．

　流通部面のいかなる関係に瞠目するかという観点により流通システムモデル M は決定する．これをシステム的観点と呼ぶが，1 つの対象（流通部面）に対し，それを理解するシステム的観点は通常複数存在し，システムモデル M も 1 つに確定しない．なお，もし同じシステム的観点によって複数の対象が理解されれば，同型のシステムモデルが成立する．

　そこでは，われわれが認識する「流通システム」は，一般的に用いられているシステムモデルに対応するのである．ただし，ここにおいて，流通をシステムと認識する場合，以下の 3 つの条件を満たしている必要がある．

　流通部面が，

1) 複数の要素 (element) あるいは元（メーカー，卸売業，小売業）の集まりからなる
2) 要素間に一定の流通（あるいは相互依存）関係がある
3) 全体として秩序性を有する

　もちろん，OR（オペレーションズリサーチ），制御理論など，流通・マーケティング論以外の領域においても，システム的観点より対象に接近している分野においては，その対象は，形式的には上述のシステムモデル M として表現可能である．たとえば，入出力システムとして，$M_{I/O}$ を置く．

$$M_{I/O} = \{X \cup Y\,;\,S,\,X,\,Y\}$$

なお，

$$S \subset X \times Y, \ X と Y は単項関係$$

と示される.

　本来,流通システムの構造は,システムモデルの性質を生成する基本的な性質の関係であるはずである.基本的な性質の関係は,通常,公理と呼ばれ,システムの形式理論(formal theory)と称されるものは,数理的言語でシステムを構造化する.流通システムの場合,公理的接近方法が枢要であり,必ずしも論理学等により推論まで形式化する必然性はないであろう.

　たとえば,伝統的なところでは,微分方程式,現在では集合論なども用いられるが,それらは,とりわけ「構造」を記述するのに有益となる.もちろん,それが流通システムの構造にとって第一義的な意味をもつわけではない.

　流通システムの構造は,システムモデルが特有にもつ言語,つまり,システムモデルの関係 R_i と関数 f_j に対応する関係記号,関数記号と,基本的な性質の関係の集合である公理系とから成る.

(定義2)

　流通システムモデル $M = \{M ; \{f_j \mid j \in J\}, \{R_i \mid i \in I\}\}$ の構造は,組 $(L ; \Sigma)$ である.ここで,L は,

$$L = \{\{f_j \mid j \in J\}, \{R_i \mid i \in I\}\}$$

と表される.

　モデルにおける R_i, f_j は各々 R_i, f_j の解釈である.Σ は一階述語論理の言語とLから作られた論理式の集合で,モデルの公理系とも称される.

　たとえば,流通を入出力システムとして理解すると,入出力システムモデル

$$M_{I/O} = \{X \cup Y ; S, X, Y\},$$

が得られ，その構造($L_{I/O}$；$\Sigma_{I/O}$)は

$$L_{I/O} = \{S, X, Y\}$$
$$\Sigma_{I/O} = \{\phi\}$$

なお，

$$\phi = (\forall x y)(S(x, y) \to X(x) \land Y(y))$$

となるであろう．これはもちろん，その時点での認識のレベルを表現している．

以上のように流通システムの構造が与えられるとき，構造変動は言語L，あるいは公理系Σの変化として把握される．しかしながら，変動する構造にパラメータをつけて，

$$(L_s；\Sigma_s) \to (L_t；\Sigma_t) \to \cdots$$

と捉えても，パラメータの変化のメカニズムが問題となる．パラメータを外部から設定できるようなケースでは，構造変動の扱いは制御の問題につながる．流通システムでは，制度を制御の問題に絡め，パラメータとして，外部から設定することも可能であろう．

システム認識から得られる視点は，流通に存在するさまざまな仕組みとは，一つ一つが部分最適化して存在するのでなく，それらの仕組みが同時に共存するがゆえに，相互に安定性を維持するという点である．相互に補完し合っている個々の仕組みすべてを包摂した「システム全体：全体最適化」として理解しなければ，部分でしかない一つ一つの仕組みの役割さえ，明確にはならないということである．

換言すれば，1つの流通をシステムとして，つまり流通を構成するさまざまな「仕組みの集まり」と認識した場合，そのあり方は，決して1つの部分最適化ではなく，多様多岐な主体が内在し得るがゆえに，概念的には全体最適化を

めざし得るということで，部分最適化から全体最適化への「システム転換」を理解する必要がある．

第3節　チャネル構成者の組換え

1　供給連鎖の定義

　現実に，生産から最終顧客に至る一つの一貫したシステムとして，把握されるものとして，前述の通り，「供給連鎖」のECR（効率的消費者対応）やQR（納期短縮）が考えられるが，ここで重要なのが「部分最適化」から「全体最適化」への「システム転換」であることを先にわれわれはみた．

　次に，SCM（サプライチェーン・マネジメント）について述べる前にまず確認しておかなければならないのは，サプライチェーン（供給連鎖：以下，供給連鎖）についての意味である．供給連鎖それ自体の定義はそれほど混乱しておらず，「顧客に製品が届くまでの部品供給業者―メーカー・卸売業・小売業などの複数の企業にまたがる調達，生産，販売，流通といった一連の業務[1]」，「原材料・部品のサプライヤーから始まって顧客に製品を引き渡すまでの一連のプロセス[2]」，「顧客・小売業・卸売業・メーカー・部品資材サプライヤー等の供給活動の連鎖構造[3]」等に解釈されるのが一般的である．

　供給連鎖は，企業を超えた連鎖であるアウトバウンド（企業間）サプライチェーンと，購買から販売までの企業内の連鎖であるインバウンド（企業内）サプライチェーンに大別される．コンサルタントのKPMG社では，企業内の連鎖をエンタープライズ・サプライチェーンとし，企業間の連鎖をインタープライズチェーンと呼んでいる[4]．企業内の連鎖のシームレス化と企業間の連鎖の統合はもちろん，相互に関連している．

第3節 チャネル構成者の組換え 129

これまでの供給連鎖

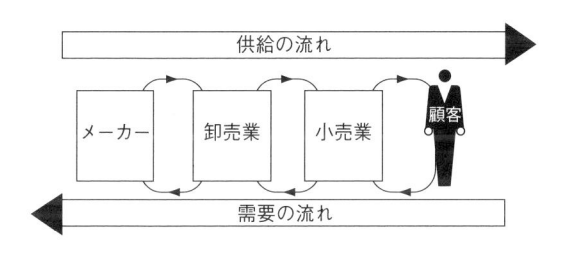

供給の流れ →

メーカー ⇄ 卸売業 ⇄ 小売業 ⇄ 顧客

← 需要の流れ

ECR の供給連鎖

顧客対応の連続的物流 →

メーカー ← 卸売業 ← 小売業 ← 顧客

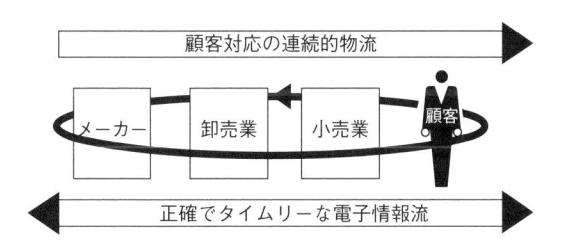

正確でタイムリーな電子情報流

図表 6-1 供給連鎖の仕組み
(出典) 宮澤健一 [1994] p.87 を加筆修正

供給連鎖の定義は，狭義には MRP（資材所要量計画）や JIT に代表される生産管理・在庫管理手法の進化モデルであるとするものから，広義には，組織間関係のあり方までも視野に入れたものまで多様多岐にわたるが，供給連鎖全体を機敏に対応させる経営手法を指すという点ではほぼ一致しているようである[5]．本書では，以下で述べる通り，供給連鎖を顧客を起点とした組織間連鎖に重点を置き，広義に解釈する（図表 6-1 を参照されたい）．

2 QR と ECR の仕組み

ICT が普及し，新たな「ネットワークの経済性」が導かれると，効率的な情報流のコンタクトポイントに変化が起き，物流との乖離が著しくなる．もち

ろん，これまでにおいても，情報がメーカーから最終顧客へ「広告」などの形で，直接流れることはあったが，取引情報に関わる質の高い情報は，流通チャネルに従って情報伝達されてきた．たとえば，メーカーから卸売業や小売業への在庫・製品情報の提供であり，小売業から顧客への製品説明などがあった．

　元来，メーカーから顧客に至る物流の基本は，流通チャネル上の情報流と緊密にリンクしており，顧客が「広告」で製品情報を入手することはあっても，情報収集するコンタクトポイントは，製品・サービスを購入するコンタクトポイントと，通常，同一であった．別言すれば，顧客が製品やサービスに支払う代金と情報収集に支払う代金とは，これまで岐別されておらず，同様に，店頭での購買行動・消費行動に伴って行われていた．その意味では，チャネル構成者間を連結する接着剤の機能を果たしていたのは，情報であったといえよう．

　しかしながら，インターネットにみられるICTの革新と普及により，メーカーから顧客へ，あるいは後述するように，その逆の方向の顧客からメーカーに至る密度の高い情報流が可能になると，従来の論理たる「物流と情報流は分離しがたく，情報流は物流に従ってメーカーから顧客へ流れる」という考えは転換せざるを得ない．つまり，情報流はそれ自体ICTの革新によって独立して存在することを可能とした．

　そのようにICTによって効率的情報流が可能となった結果，既存の流通チャネルが，新たな流通チャネルに生まれ変わる，あるいは連結することになる．そこでは，卸売業や小売業のような既存のチャネル構成者が機能そのままに，その組織の存在意義を失ったり，地盤沈下する可能性も少なからずある．他方，ICTが招来した情報流を基盤とし，そこに依って立つ新たなチャネル構成者が参入してくる可能性も高くなろう．

　これらも新たな流通チャネルの胎動と見なすことができる．では，次に具体的にその転換過程を検討してみよう．

　従来の，メーカー・卸売業・小売業の3者関係は，第4章までにみたように，

いかに自社の利益を上げるかというパワー・コンフリクト関係であった．しかし，このような関係を続けていたのでは厳しい競争環境に対応できないため，(1) メーカーと卸売業と小売業が協力して製品供給システムの効率化をはかったり，(2) 顧客ニーズにマッチした製品を共同開発するようになった．つまり，3者が協力して経営の合理化・効率化をはかり，売上を増大させ，共存共栄をはかろうというもので，この仕組みを繊維業界ではQR，食品雑貨業界ではECRと呼ぶ．呼び方は異なるが，QRもECRも基本的な仕組みは同じで，各企業が製品の受発注や在庫量などの情報をネットワーク上で相互にやりとりすることで，業務の効率化をはかるものである．

1980年代後半から，アメリカのディスカウント・ストアのウォールマートと家庭用品メーカーのP&Gは，POSデータや在庫情報を共有しており，ウォールマートの店頭で集められた製品の販売情報は即座にP&Gのコンピュータに送信される．両者のあいだでは，在庫量の最低ラインが決められており，ウォールマートの在庫がそのラインを割り込みそうになると，P&Gが自動的に納品する仕組みとなっているため，受発注の手間は，一切かからない．また，P&Gは現在，POSにESPを組み合わせ，顧客の購買履歴を時系列的に収集可能なため，どの製品にどのような需要があるかを正確に把握でき，見込み生産によって在庫を余らせることはなくなった．

これらICTの革新により実現された供給連鎖の大きな潮流の特徴・要点は，以下3つにまとめられよう．

まず第1に，企業と顧客間の連鎖の出発点を「メーカー」から「顧客」へ転換したという特徴がある．たとえば，従来，わが国の小売業が取引先に対して補充の必要な製品を発注し，卸売業はメーカーからの製品をピッキングして小売業へ納品していた（メーカー→卸売業→小売業）のに対し，アメリカでは，ウォールマートとP&Gの例でみたように，POSとESPで時系列の顧客情報を得た小売業がそれをメーカーや卸売業に公開し，売れた製品を自動的に補充

するという，全く逆のチャネル形成（小売業→卸売業→メーカー）を行った．

第2に，納期短縮を目指した「チャネル段階の短縮」と，顧客対応としての「小売価格の低下」という特徴がある．流通段階の短縮によって，全体最適化としての(1)リードタイム短縮，(2)コスト節減，(3)JIT (Just In Time)の供給体制，という3つの効果が導出された．そしてこれらが，小売価格の低下に寄与することとなった．

第3に，生産から最終顧客に至る一貫システムの形成が大きな特徴としてあげられる．従来のマーケティングは，「一般に，メーカー・卸売業・小売業という直接的なつながりをもち互いに大きく作用しあっている世界についての概念は，一貫したシステム的レベルをほとんど満たしていなかった[6]」．しかし現在，個々のチャネル内同士の取引でなく，全体最適化をはかるチャネルとしてのシステムに転換する必要性が生じている．それには産業全体でのシステム（制度・商慣行を含む）作りが不可避で，このシステム作りによって，門戸開放と機会均等が実現され，大規模メーカーへの利益集中が緩和されるものと考えられる．

そこにおいて留意すべきは，上記第1のようにICTを活用し，異なった組織間結合を行うことで「顧客」の視点を取り込むという側面にある．最終顧客への製品・サービスの提供を最優先するこの側面を看過してはならない．これまでは，大量生産・大量販売・大量消費の企業成長プロセスの下，その過程でいかなるコンピタンス（Competence：活力の源泉）を継承するかという観点のみがチャネル形成の柱となっていた．

しかし現在，QRやECRのような「供給連鎖」は，まず第1に，マスで「顧客管理」せず，出来得る限り顧客側に立脚して顧客最終仕様への転換を行い，市場細分化を行うようになった．それは，近年のICT革新によって顧客管理コストが大幅に低下し，膨大な数の顧客データを個人別に管理することが可能となったことと無関係ではない．

第2に，供給連鎖促進の主体を，チャネル外の異質で優秀な機能提供者にまで拡大し，製品開発力を高めながらゆるやかに結合し，「全体最適化」をはかる必要が生じているということである．つまり，「チャネル構成者の組合わせを変えること」である．従来のチャネルの主要な構成者は，メーカー・卸売業者・小売業者で[7]，いずれも営利企業であったが，これに，NPOや顧客などが加わり，ダイナミックな組換えが求められている．そこでは，鮮度の高い顧客情報をリアルタイムで収集し，新たな顧客価値の創出を製品開発や販売・生産計画にフィードバックさせる全体最適化のシステム形成が不可欠となろう．

　第3に，提携組織同士が同じ目的に向かって活動を一致させるために，技術的なインターフェイス標準の採用だけでなく，組織間のサービス基準や金額ベースの評価指針を明確に，そしてオープンにする必要がある．

第4節　顧客共創連鎖の構造

1　供給連鎖の転換

　第3節でみてきたように「供給連鎖」の根幹原理は，異なる組織間を結合することで，「顧客」ニーズに立脚して，「顧客」の視点を取り込むことにある．また同時に，生産から流通，販売に至る過程を一貫したシステムとして全体最適化することにある．そうであるのならば，その原理に忠実に沿うには，生産機能重視が想定される「供給連鎖」という名称よりも，むしろ新たな現実の動向に則して「顧客共創連鎖」という用語のほうがその意図を適確に示すものと思われる．企業と顧客との共創の奔流をより強調するには，その方が適切であるとわれわれは考える．

　これまでの「メーカー起点」から「顧客起点」への転換に基づき，流通の仕

組みが，顧客のニーズを起点としたシステムに転換することは容易ではないであろう．しかし，ICT の進展によって，企業が有していた決定権の顧客への移行は，既に生じている．顧客は，蓄積された情報とともに，購買・不買という形での意思表示でもって企業の行動に影響を与え始めている．そのため，顧客の変化に対応する企業の発想の転換そのものが喫緊の課題となっている．

そこで，その流通の仕組みの転換のためのポイントを提示しておくことは重要である．ポイントは，生産者と顧客，あるいは NPO とがインターネットなどの ICT を基盤にチャネル内に組み込まれ，さらに顧客が生産者と対話しながら好みの製品を求める「プロシューマー（生産者的顧客）」と化していく仕組み作りにある．つまり，顧客のニーズ情報が ICT によりメーカーにインプットされるので，それを基に新しい製品が生産されるが，そこでは，顧客が製品開発に影響を与える度合いが大きくなるのである．まさに Toffler が予言した「プロシューマー」の出現である[8]．

2　顧客理解のマーケティング

では具体的に，どのような仕組みによって，「顧客が消費行動を行う際の必要性と欲求」をすくい上げることが出来るのであろうか．

片平秀貴［1999］においては，顧客に対するブランド構築に成功してきた企業の大きな特徴の1つとして，顧客以上に顧客のことを知るために，製品の作り手自身が顧客の側に行って「顧客を超えた顧客」となるシステムをもっていることを示している．換言すれば，その製品から，製品の作り手自身が満足感を得られなければ，卓越したブランド構築は不可能ということである．

たとえば典型的な例として，古川一郎［1999］による乗用車メーカーのコミュニケーション方法を図式化したものが図表6-2である．この図表の矢印の向きはコミュニケーションの方向性を，白抜きの矢印は企業による意図的な

第4節 顧客共創連鎖の構造　135

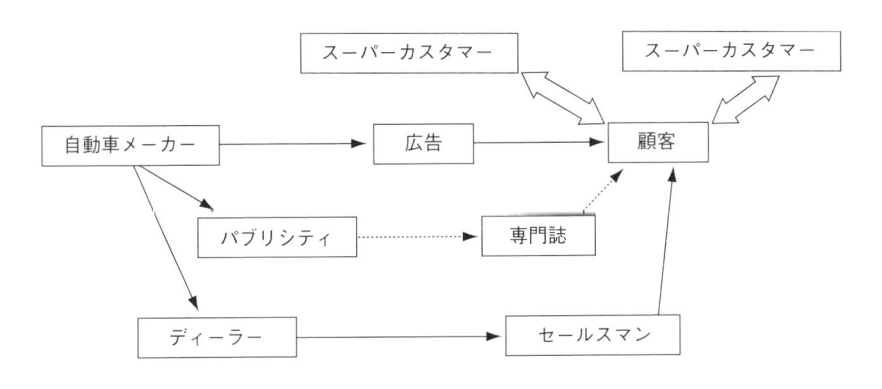

図表6-2　乗用車販売のコミュニケーション
(出典) 古川一郎 [1999] p.213

管理が及ばない「クチコミ」によるコミュニケーションを示している．

　考えてみれば，乗用車に限らずあらゆる分野で，これまで顧客の立場に立った情報提供の機会は少なかった．製品やサービスに関する情報は，通常，それを売るメーカー側によって提供されるわけであるから，どうしてもメーカーのバイアスがかかった情報，あるいは仮にそうしたバイアスが無かったとしても，顧客は疑いをもってそうした情報を受けとめていた．古川一郎［1999］によれば，乗用車のような製品においては，専門誌やとりわけクチコミが大きく機能することが示されており，顧客は身近な人々との対話を通じた情報（仲間意識，横並び意識，消費のネットワーク外部性等）は購入時の顧客意思決定に絶対的な影響力をもつとする．

　そこでは，ICT革新によって「情報の非対称性」が改善され，顧客の力が強くなっていく中で，メーカーの側からは，そのニーズが把握しにくい状況がみられる．何をどう作れば売れるのかに関しては暗中模索の事態となっている．そのため，新たな製品開発には危険が伴い，不確実性の中でリスクを回避するには潜在的なニーズを見極めることが肝要となるが，潜在ニーズの理解は従来

のシステムでは難しい．

そこで，先に示したNPOや顧客などの「異質で優秀な機能」を活用することは，そのための解決法の1つを表していると考えられる．たとえば，デルのBTOや1996年に発売された松下電器のレッツノートのような顧客参加型の製品開発である．また，サンマイクロシステムズ社は，1998年，個人やNPOに，Solaris (UNIX OS) を無料配布した．これにより，サンマイクロシステムズ社で技術知識を囲い込むことよりも，インターネット上のボランティアに無償提供し，そのボランタリーな問題発見力と技術力を活用しながら，質向上を目指す戦略を遂行した．同じく，ネットスケープコミュニケーション社は1998年，WWWブラウザのソフトウェア (Netscape Communicater) のソース公開にふみきり，無料化した．これにより，このソフトウェアを顧客やNPOが好みで修正・活用が可能となったと同時に，業務系の用途に修正活用することも可能になった．情報通信産業に限らず，わが国の外食産業においてもニュートーキョー社が1999年，食材発注ソフトの無償提供に踏み切った．

このような動向を架橋する共通の糸として以下のことがいえよう．

そこでは，従来のメーカーがインターネット上で非営利と連携し，ボランタリーな技術情報蓄積のフィードバックを活用しながら，非営利を土台として営利的契機を見出す姿勢がみられる．そして，そこにおいては，チャネル構成者が共通認識として，情報共有し，価値共有することが前提となる．特に，ICT革新の中で，共有された情報はすでに堅固なインフラとなっており，「顧客共創連鎖」においては不可欠な経営資源となっている．もちろんこれは，非営利的活動によって，営利分野が代替されるということではなく，非営利主体の持つ情報，あるいは能力を活用した製品開発や製品改良を行うことが，従来の情報の囲い込みによる企業の活動よりも，その利が大きいということである[9]．

このように次世代の技術発展の基礎が，NPOや非営利部面による技術蓄積によって構築されると同時に，営利企業の基盤にもなっていくという流通現象

が，実際にグローバルな規模で進展している．この現象に対するマーケティング論的な理解として敷衍すれば，以下のように考えられよう．

現代のマーケティングでは，企業が非営利部面としてNPOや顧客において発達してきた技術・着想・アイディアを活用し，営利活動を基盤としてその「非営利性」を必要とするということである．そこでは，営利活動が，とりわけ技術開発・改良，製品開発の分野において，それ自身として存立できず，非営利的動機による技術蓄積・改良あるいは着想・アイディアに依拠せざるを得ない状況を招来していると解することができる．現代のマーケティング分野では，非営利的動機を礎にしないと進展できない分野が内在していることが明らかにされたということである．

つまり，NPOや顧客などをいかにして「顧客共創連鎖」としてチャネル構成者に組み込んでいくか考察の余地があろう．

そこでは前述の通り，連結した組織同士が共通の目的に対し活動を合致させることが不可欠であるが，「顧客共創連鎖」の場合，営利・非営利の主体が同システム内で活動するため，受益者中心の基準を構築しておくことが重要となろう．

3 顧客共創連鎖の進展

従来，メーカー側には，大量生産―大量販売―大量消費の企業成長過程が適確に再現するという確信があった．そのため，その再現過程で，これまでメーカー側あるいは機能提供側の論理を起点として，いかなるマーケティングをすればよいかという視点のみが，企業の基本姿勢であった．

しかしながら，そのベクトルと併行して現在，新たに展開されようとしている事柄は，前述の通り，既存のメーカーや制度枠組み，価値体系が内包していた機能を転換させるほどのダイナミズムを包摂している．メーカーの基盤とな

る技術領域では，既にそのボーダーがメルトダウンし，それによって，メーカーの技術戦略も変化しはじめた．不可欠となるチャネル構成者の「組合わせ」は，ICT 革新によってグローバルに拡大し，そこでは従来の国民国家の役割と機能を失うと共に，「産業の経済性」の転換によって，従来の流通チャネルもその仕切りの意味を失うことになっている．

現在，展開している「戦略的提携」は，技術協力，合弁事業，共同研究開発，OEM（相手先ブランド生産）という形態にとどまらず，戦略的視野の拡大と共に経営資源を連結し，経営コストおよび経営リスクを分散させることで，リスクヘッジを可能としている．

他方，顧客の成熟は激しく，前項までにみてきたように，とりわけ NPO を含め，受動的な顧客意識から，チャネル内の構成者として，「機能の提供主体」へ転換しはじめているという顧客進化の事実がある．顧客進化とは，メーカーが長期的な顧客維持の努力を通じ，一般の顧客が「得意先」から「支援者」へさらに「代弁者・擁護者」を経て，最終的には企業の「パートナーとしてのチャネル構成者」へと質的に進化を遂げることである．それは，メーカーからすれば，競争環境の変化に対応した肝要な人的資源ないし情報源であり，ダイナミズムの源泉として意識せざるを得ない主体となっている．このような帰趨は更なる変化を招来し，たとえばメーカーの提供する機能を主体的に活用する者達に対して，「Linux」や「NPO 銀行」[10]，「エコマネー」[11]のように，「奉仕のロジック（ボランティア的論理）」を組み込んだサービス・製品を提供せざるを得ないであろう．また，NPO への活動支援をうたった販売促進手法「コーズ・リレーテッド・マーケティング」も関連してくる．これはメーカーが，NPO との関係を顧客に提示して企業イメージを高め，信頼を形成するもので，化粧品のエイボンプロダクツ社は「寄附金付き口紅」を発売し，売上の一部を NPO に寄附している．その他，キリンビバレッジや UC カードの「ボランティア的論理」を組み込んだ製品提供によるコーズ・リレーテッド・マー

ケティングが顕現している[12]．さらに，メーカーの技術戦略からすれば，顧客やNPOが内包しているコンピタンス（活力の源泉）を共有しながら競争を展開する，あるいは顧客の「ネットワーク外部性」を活用しながら競争を展開するという状況に対応しなければならないであろう．

ゆえに，顧客共創連鎖の柱には，顧客やNPOのコンピタンス（活力の源泉）を所有・保有し，かつ共有し，その上で，合理的・効率的に活用していくことにより，競合企業との競争を行うという視角が不可避となるであろう．

第5節　まとめ

ここで第6章の最後として，流通全体を巻き込み，転換を招来しようとしている「チャネル構成者の組換え」について，簡単にまとめておく．

ICTが進展してくれば，当然のように企業と顧客・NPOを結ぶ流通チャネルも大きく変わることになる．メーカーからみれば，既存の卸売業や小売業を通さずに，インターネットで製品やサービスを流通させることも可能になれば，そうした流通チャネルを利用して新しいサービスを実現することも可能になる．

また，顧客自身もこうしたICTの恩恵を受けて，自宅にいながらにしてさまざまな製品・サービスを受けることが可能になり，顧客の消費行動そのものが大きく変わることになる．自宅で海外メーカーから製品を購入したり，金融取引を行ったりすることが容易に行えるようになるということは，別言すれば，従来のような伝統的な流通チャネル，すなわちメーカーから卸売業を通って小売業経由で顧客の手に製品が渡るというチャネルが，流通の部面で再構築される可能性が高いということである．

顧客とメーカーの間で，より充実したコミュニケーションや共創が可能になるということは，従来のような情報量の限られたワンウェイ（一方向）の「広

告」から，一人ひとりのニーズに合わせてカスタマイズ（オーダーメイド）された「広告」も出てくるし，あるいは顧客ニーズに合わせて，提供する製品やサービスを変えたマーケティングも実現されるということである．従来型のメーカー主導の上流から下流への流通チャネルから，メーカーと顧客の間で，すなわち顧客共創に基づく，頻繁な情報のやり取りが可能となる新しい流通チャネルも生まれてこよう．

そこにおいて「チャネル構成者の組合わせを変える」ということは，ICT革新の中，今後の「流通革新」を検討する上で留意すべき変化と考えられる．ICTの普及による情報の非対称性の改善の帰結として，ECRやQRにみられるように，需給関係が逆転したことの意義は大きい．現在のICTが実現したダイナミズムは，川下に位置していた最終顧客，あるいはNPOなどの非営利主体をチャネル内部に組込み，それを流通の起点とする，あるいはチャネルの中軸に据えるというマーケティング概念の変換を示している．

ICT革新の中で，流通における中軸は，最終的には顧客ないしNPOにシフトするというのが本章の結論となる．ICTがもたらした「ネットワーク外部性」の展開の中で，チャネル内に顧客やNPOが参加するという異質性が，今後のマーケティングをどのようなベクトルに導くのか．引き続き研究を続けていく必要がある．

注

1）佐久間信夫編 [2001]『現代経営用語の基礎知識』学文社，p.81.
2）岡崎好典 [1999]「サプライチェーン・マネジメントに関する基本的考察」『商学研究論集』第11号，p.380.
3）圓川隆夫 [1998]「制約条件の理論が可能にするサプライチェーンの全体最適」『DIAMONDハーバードビジネス』11月号，p.47.
4）松岡輝美・船本秀男 [1999]「サプライチェーン・マネジメント構築の4つのステージ」『岡山商大論集』34巻第3号，p.195.

5）富野貴弘［2000］「電機企業におけるフレキシブル生産の追及」『商学論集』第34巻第2号，p.90.
6）山下隆弘［1997］『情報化時代のマーケティング』大学教育出版，p.5.
7）成生達彦［2001］前掲書，p.146.
8）Toffler［1960］では「生産＝消費者」と解し，第1の波の時代（農業社会）では，人間は自分の生産したものを消費し，ある意味で「生産＝消費者」であったと分析する．そして第2の波の時代，すなわち交換のために生産する時代（産業社会）となってから，「生産＝消費者」という存在は隅に追いやられたという．そして第3の情報技術の波の訪れによって，「生産＝消費者」が復権すると予言している．
9）能力のある人々は世界中に点在しており，その人々を企業がすべて集めるのは難しい．彼らの価値観は必ずしも企業の要求する経済的価値とは合致せず，営利企業がすべて囲い込めるものではない．NPOやネット上のコミュニティだからこそボランティア的な知識のインタラクションが可能ともいえよう．
10）市民活動に融資するNPOをNPO銀行あるいは金融NPOという．たとえば「APバンク」は，2003年に非営利の有限責任中間法人として設立，都への貸金業登録済みである．年利1％で1件当り500万円まで無担保融資している．拠出金総額1億円で始め現在は一般からの受入れも可である．
11）エコマネーは，従来の経済的価値だけを目的とするのではない，新しい価値を基本にするコミュニティの提唱であるといえよう．これと似た発想はイタリアでの「時間銀行」（貨幣ではなく時間のやりとりを仲介），日本の「ふれあい切符」（有償のボランティアサービス）等がある．
12）エイボンは乳がんの早期発見を支援する寄付金付き口紅（690円）を販売した．1点につき，70円を寄付し，乳房X線撮影の助成等に充てている．2003年には口紅を29万本売上げ，NPOの乳房健康研究会，日本対がん協会に計2950万円寄付した．2004年キリンビバレッジは紙製缶飲料「ハイパー」（120円）を販売し，1本につき5銭をNPOの日本環境財団に寄付し，森林保護に役立てている．

第7章　結論と今後の課題

第1節　結　論

　これまでの議論からも明らかなように，ICT 革新のわれわれの社会生活への影響はきわめて広範囲に及ぶ．しかも，そこにおける影響がこれまでにない消費行動やコミュニティの成立を促しながら，それらに対応する企業のマーケティングとしてのチャネル活動に大きな変容をもたらしつつある．

　たとえば，多くの企業がインターネットを活用して製品販売を行っているという意味で，新たなチャネルとして，それはすでに機能しはじめている．インターネット上の電子マネーを活用して電子決済を行ったり，デジタル製品のように，インターネットが物流機能を果たしたり，あるいは e コミュニティのようなマーケティング活動の役目も果たしている．またその他，メディアとしても機能し，多くのセールス・プロモーションや広告がインターネット上で行われ，企業の PR（広報）活動においても ICT は不可欠な術となってきている．

　そのようなインターネットを濫觴とした ICT の進展の中，マーケティング論の動向をリードするアプローチとして，本書は「取引費用パラダイム」と「関係性パラダイム」をあげた．2つのプロブレマティークの力点の差異を，現代マーケティングの様式化された事実の説明力という具体相において，対比する

ための作業として，われわれは流通チャネルの形態に瞠目した．そこでは，前者が，従来からの「垂直的統合」を説明する論拠を提出し，後者が，近年，急速に進展した「戦略的提携」を説明する根拠を示し，両パラダイムの有効性を確認した．

「取引費用パラダイム」は，人間の諸要因の内，機会主義的行動という視角から取引費用と垂直的統合との関連を固有の主題とし，他方，ICTへの関心を以前にも増して深めつつある「関係性パラダイム」は，企業間の関係を機会主義的行動やパワーではなく信頼という視角から戦略的提携を主題として論じた．「取引費用パラダイム」の接近方法と「関係性パラダイム」のそれとは，機会主義的行動をかなめとみなすのか，それとも企業間の信頼を重視するのか，という力点の差異が認められるものの，企業の流通チャネルの動態をそれぞれ課題にしているという点や長期的関係を環境の不確実性や関係的特性によって説明しようと試みているという点で，明らかに相互補完的関係といい得る．本書は，こうしたパラダイム間の相互補完性に留意しながら，全体として，「取引費用パラダイム」と「関係性パラダイム」の問題構成法，およびそれによって捉えられた現代の流通・マーケティングがいかなるものであるかについて理論的に考察した．

本書は，さらに現代流通像の現在を，その構造と動態において描き出すための一ステップとして，両者になお希薄な問題圏たる「ネットワーク外部性」についても検討した．現代の産業の中には，コンピュータOSやビデオ方式をめぐる争いなど，従来あまりみられなかった競争形態をとるものもある．この新しい競争を分析するためには，「ネットワーク外部性」の視点が必要になる．そのため，そこでのわれわれの目的は，「取引費用パラダイム」および「関係性パラダイム」に依拠しながら，ネットワーク外部性を踏まえて理論的検討を加えることにあった．

そして最後に，これまでのICTと流通チャネルの考察から導かれた現代の

「流通チャネルの再編成」，つまり「システム転換」と「チャネル構成者の組換え」の問題について論及した．前者は，流通に存在するさまざまな仕組みを一つ一つの「部分最適化」から，相互に補完し合っている個々の仕組みすべてを包含した「全体最適化」への転換を指す．これは通常，「供給連鎖」といわれる．本書では，消費者を起点とした顧客サイドを強調し，「顧客共創連鎖」と呼び，メーカーと流通業とが消費者起点から情報共有し，原料調達・生産・物流・販売を一体化することで物の流れを効率化するものと位置づけた．この流れを円滑にすることによって，在庫を減らし，欠品をなくし，タイムリーに物を届け（物流のジャスト・イン・タイム），それをコスト最小化で行うというものである．

他面，後者は，これまでの，2つのチャネル（垂直的統合と戦略的提携）の説明に留まらず，「チャネル内の組合わせ」を変えることで，メーカーがニーズや価値の変化など，激しい環境の変化に対応しようとするものである．つまり，継続的な関係の中で，従来のチャネル構成者だけでなく，顧客やNPOなど異質な主体をチャネル構成者として組込み，メーカーが顧客との信頼を形成することで，長くそのメーカーやブランドに愛着を持った顧客に留まってもらおうというものである．

このように顧客やNPOのチャネル構成者としての重要性が顕揚してきた背景には，著しい技術革新の下，ニーズが読めなくなり，メーカーが顧客やNPOと一体化して，強い信頼関係を結びながら，それらをチャネル構成者のパートナーとして，「新たな価値」を生み出していく必要性が生じたことがある．そこにおいて，ICTは取引費用節減だけでなく，信頼関係を形成し，顧客価値の創出を行う重要な装置となっている．

そのようなICTの革新の中で，流通における中軸は最終的には顧客ないしNPOにシフトするというのが，本書の結論であった．

そこでは，現時点でのマーケティングの最新理論が，現実に近い流通のメカ

ニズム研究に進みつつあることを示した．もちろん，これが最終的な理論的枠組みではない．インターネットを嚆矢としたICTの進展のスピードは極めてはやく，その影響は大きい．そのため，その変化を捉えた理論も多様化してきている．したがって，理論の対象範囲を見直すと同時に，それぞれの領域でこれまでの理論の構築方法を抜本的に刷新し，どのようなマーケティング論が，ICTの進展によって導かれた新たな流通現象の分析という立場を逸脱せずに，かつ最も現実との整合性が高いかを検討していかなければならない．

さらに，対象範囲や目的達成のための手法は，経営環境や技術革新の整備状況によって変化していく．ICTによって実現したネット上の商取引（電子商取引）の領域では，金融自由化や知的財産権の価値のグローバルな高まりに伴い，各種情報通信・金融関連インフラは急速に整備されよう．このため，対象範囲や手法をフェーズの転換後に，もう一度見直さなければならないアプローチを確立しておく必要があろう．

まず指摘しておきたい点は，そうした最近の理論的関心の高まりの根幹には，繰り返して論じてきたように，ICTの革新と普及が，急速にグローバルに進行しているという事態がある．このICTの発展を背景として，マーケティングは伝統的マーケティング論で示唆されたような，従来の4P（Price＝価格，Product＝製品，Place＝流通，Promotion＝プロモーション）のマネジメントとして，取り扱われるのだけではなく，新たな組織間関係マネジメント，チャネルマネジメントとしてみなされつつある[1]．

このような視点に立って，わが国企業の将来に関する問題を見直すならば，当然，顧客自身も企業自体もICTが実現した電子商取引の動態の影響を受けて生じざるを得ないものである．そこでは，新たな状況下での企業のあり方を幅広く，基底的に問い直していくマーケティング論の新たな取り組みが求められているといわねばならない．ゆえに，流通現象の分析の対象となるICTと流通チャネルにおける問題を議論するためには，既存のマーケティング論を拡

大・発展させることが不可欠となる．

第2節　今後の課題

1　マーケティング論の方途

　これまでのマーケティング論は，近代的な実証科学として自己確立するのを目的とし，形而上学的概念を排除して，実際に観察可能な対象に視野を局限しようとしてきた．その背後においては，消費者が選択行動あるいは購買行動に際して直面する機会集合とその消費行動の結果に関してもつ評価の分析があった．この消費者が直面する機会集合については多少とも客観的観察が可能であるとしても，各消費者が抱く評価，つまり選好については主観の側に属するものであって，直接には観察不可能であり，ここにおいて，現実の消費者の選択・購買行動からその背後にある選好関係にまで遡及できるか否かがマーケティング論の枢要な問題となっていた．

　現在のマーケティングは，(1) マスマーケティング，(2) セグメントマーケティング，(3) One to One マーケティング，と(1)から(3)への大きな潮流の中で，次のマーケティング実践の構築が待たれている．本書では，それをICTと流通チャネルとの関係から，具体的な「顧客共創連鎖」として示したわけであるが，もちろん，環境の変化に応じて新たに生まれてくるマーケティングの主題や概念を，すべて網羅したわけではない．実際のところ，マーケティングは日々新たに新しい命題を生み出しつつ進展している．

　最後に，ここまでの考察を踏まえ，ICT革新とマーケティングの実態のなかから重要と思われる事項をとりあげて触れたい．

2 今後の課題

　マーケティングによる成長の仕組み作りと実行は，直接的には，チャネル構成者と競争とのバランスをとりつつ，最終顧客に対応するという形をとる．本書では，ICT 革新の中で，この企業の成長を大枠的に規定するチャネル形態の変容，競争，チャネル構成者，最終顧客への対応，に対する認識が近年大きく変わりつつあるという視角から論じてきた．

　しかし，いくつかの点で十分に果たすことができなかった課題も残している．

　まず，ここまで本書でみてきた ICT の革新とその影響の考察から導き出された流通チャネルの変化の性質を詳細に検討すると，「戦略的提携」といっても求められている側面はそれぞれに異なることがわかる．たとえば，これらの戦略的提携には，合弁事業，共同研究，技術協力，OEM などがあるが，おのおの国内対国際，契約対非契約，長期対短期，業種内対業種間，全面関係対部分関係など，極めて幅広い多面性・多様性をもっている．したがって，流通チャネルを構成する要因をどのようにミックスし，インターネット上で設計して，マネジメントしていくかが，今後問題となろう．

　たとえば，企業が ICT の進展の中で，顧客や NPO との長期継続的な関係を形成しようとする場合には，まずその流通チャネルを構成する主要因たる「信頼」を確固たるものとしなければならない．信頼は，可逆的性格を相対的に強く内包しており，ICT 革新の中でどのようにそれを組織間に埋め込んでいくか，信頼についてのさらなる考察，分析が必要である．特に，その規定因として感情的信頼では長続きしないため，それとは異なる要因が想定される．かかる側面を ICT 革新の中，「ネットオークション（競売）」あるいは「逆オークション」など電子商取引の事例研究を踏まえて明確にしていくことが本書の研究課題であると思われる．その意味で，今後の実証分析が早急に求められる．

また，本書で見てきた供給連鎖の概念とは，製品の開発・製造・販売のみならずその企画・調達・教育・保守・廃棄に関する全領域を包含しているものと考えられる．その調達から消費に至る過程では，さまざまな廃棄物が生じ，環境に大きな影響を付与する．このマーケティング活動における環境問題は，今後を展望しようとするならば，避けて通ることができない最も枢要な問題の1つである．したがってICTのベクトルを環境問題と関連づけて考えなければならないだろう．ICTは，情報や流通資源を効果的に活用して，低コストで社会貢献をはかる上で，有益な手段を提供する可能性を有している．そのためには，ICTをどのように捉えれば，環境問題克服を実現できるマーケティング理論の展開につながるのか．さらなる探究が必要とされる．

　以上に示されたマーケティングの新たな概念やテーマは，現代マーケティングの理論やあり方を考えるために，考慮していくべき問題である．現代マーケティングの基本問題に加え，本書で示された視点は，ICTの急速な技術革新とあわせて，今後，重要度を増していくであろう．

注
1) Webster [1992] The Changing Role of Marketing in the Corporation, *Journal of Marketing*, Vol.56, p.p.1-17.

あとがき

　流通とは，顧客に製品・サービスを届ける機能のことを指す．表現自体は簡単であるが，現実に，顧客が何を求めているかを俊敏にキャッチ・理解し，顧客が望むものを，望む時に，望む分だけ正確に提供することは容易ではない．そこでは，企業と顧客の間に横たわる溝を埋める作業，つまり物流の背後に存在する情報流が重要な位置を占める．この情報の流れを作り出すことも流通機能の一つとされる．

　その意味では，ICTの革新と普及が，既存流通に大きな影響を及ぼすことは想像に難くない．だが，その過渡期に立つわれわれは，まだその影響全体を体系的に理解するに達していない．論者によっては，既存流通すべてを電子商取引が代替するとする向きもあるが，実際に従来の流通チャネルがすべて消滅しているわけではないし，中間流通業者がなくなったわけでもない．むしろ，流通業者の機能（function）はそのままに組織（institution）が変化すると考えるべきであろう．すでにそうした変化が流通の現場に出はじめている．

　本書は，現在進行しつつあるICTの革新と普及が，流通もしくはマーケティングに与える影響を理論的な側面から検討することを意図したものである．ICT革新によって，主体間相互に信頼に基づく関係が拡大するとすれば，本書で示したように，流通のチャネル構成者間，つまり組織間の目的は，これまでのような単なる費用引下げやリスク分散だけでなく，パートナーシップに基づく顧客価値も共に追求する「共創」が重要となっていくものと考えられる．つまり，チャネル内の取引関係も，費用引下げを意図するのみでなく，顧客価値の創出のための関係をつくり上げていくこと，そしてそれはNPOや顧客などと情報共有しながら，共創していくものと推察される．

あとがき

今後は，現実の企業において，いかなるチャネル戦略に基づいて，ICTが活用されているかを実証的に検証することが求められてくる．理論的考察を継続的に行うと共に，この点に関し実証的研究として事例研究や顧客へのインタビュー調査を行い，どのようなICTの活用あるいはチャネル管理・戦略に関する意思決定がなされているかを明らかにする予定である．そこでは，共分散構造分析や回帰分析など多変量解析に加えて，パラメーター自体が分布を持った確率変数と捉えるベイズ統計アプローチからの検証も行う．以上の事項を本書で示した理論的枠組みを用いて今後とも行うが，事例の調査に応じて，理論的分析枠組みの再検討を視野に入れることも必要になると考えられる．

参 考 文 献

A

赤岡功［1981］「組織間関係論の対象と方法」『組織科学 15-4』白桃書房．

浅沼萬里［1997］「日本におけるメーカーとサプライヤーとの関係」『経済論叢』京都大学経済学会．

Aaker［1991］*Managing Brand Equity: on the Value of Brand Name*, The Free Press.（陶山計介・中田善啓・尾﨑久仁博・小林哲訳［1994］『ブランド・エクイティ戦略』ダイヤモンド社．）

Aaker［1993］*Building Strong Brand*, The Free Press.（陶山計介・小林哲・梅本春夫・石垣智徳訳［1997］『ブランド優位の戦略』ダイヤモンド社．）

Alchian and Demsetz［1972］Production, Information Costs, and Economic Organization, *American Economic Review*, Vol.62, No.5, pp.777-795.

Alderson［1957］*Marketing Behavior and Excutive Action*, Richard D. Irwin.（石原武政・風呂勉・光澤滋郎・田村正紀訳［1984］『マーケティング行動と経営者行動』千倉書房．）

Amor［2000］*The E-Business (R) Evolution*, Prentice Hall PTR.

Anderson［1985］The Salesperson as Outside Agent or Employee, A Transaction Cost Analysis, *Marketing Science*, Vol.4. No.3, pp.234-254.

Anderson and Weitz［1989］Determinants of Continuity, Conventional Industrial Dyads, *Marketing Science*, Vol.8, No.4, pp.310-323.

Arndt［1983］The Political Economy Paradigm: Foundation for Theory Building, Marketing, *Journal of Marketing*, Vol.47, Fall, pp.44-45.

Arrow［1974］*The Limits of Organization*, Norton.（村上泰亮訳［1976］『組織の限界』岩波書店．）

Astley［1983］Collective Strategy, *Academy of Management Review*, Vol.8, No.4, p.580.

B

Baldwin and Clark［2000］*Design Rules*, MIT Press.

Basen［1995］*The Standards Processes in Telecommunication and Information Technology*.

Blackwell and Stephan［2001］*Customers Rule; Crown Business*, New York.（島田陽介訳［2002］『なぜ誰もネットで買わなくなるのか』ダイヤモンド社．）

Bonoma, Bagozzi and Zaltman［1978］*The Dyadic Paradigm with Specific Application Toward Industrial Marketing*. In Bonoma and Zaltman Organization Buying Behavior,

American Marketing Association.

Bowersox and Cooper [1992] *Strategic Marketing Channel Management*, McGraw-Hill, Inc.

C

Clark [1940] *The Conditions of Economic Progress*.（大川一司ほか訳 [1955]『経済進歩の諸条件 上巻』勁草書房.）

Coase [1937] The Nature of the Firm, *Economica*, Vol.4, No.16, pp.386–405, reprinted in *the Firm, the Market, and the Law*, paperback edition, University of Chicago Press, 1990, pp.33–55.（宮澤健一・後藤晃・藤垣芳文訳 [1992]「企業の本質」『企業・市場・法』東洋経済新報社, pp.39–64.）

Coase [1960] The Problem of Social Cost, *Journal of Law and Economics*, Vol.3, October, pp.1–44, reprinted in *The Firm, the Market, and the Law*, paperback edition, University of Chicago Press, 1990, pp.95–156.（宮澤健一ほか訳 [1992] 前掲書 pp.111–178.）

D

David [1985] CLIO and Economics of QWERTY, *American Economic Review*, Vol.75, No.2.

Dosi [1982] *Technological Paradigms and Technological Trajectories*, Research Policy 11, pp.147–162.

Dwyer, Schurr and Oh [1987] Developing Buyer-Seller Relationships, *Journal of Marketing*, Vol.51, April, pp.11–27.

E

圓川隆夫「制約条件の理論が可能にするサプライチェーンの全体最適」DIAMONDハーバードビジネス編集部 [1998]『サプライチェーン理論と戦略：部分最適から全体最適の追求』ダイヤモンド社, pp.45–80.

Etgar [1976] Effects of Administrative Control on Efficiency of Vertical Marketing Systems, *Journal of Marketing Research*, Vol.13, No.1, pp.12–24.

Evans and Wurster [2000] Blown to Bits, Boston, Mass: Harvard Business School Press.（ボストン・コンサルティング・グループ訳 [2001]『ネット資本主義の企業戦略』ダイヤモンド社.）

F

古川一郎 [1999]『出会いの「場」の構想力：マーケティングの消費と「知」の進化』有斐閣.

風呂勉 [1968]『マーケティング・チャネル行動論』千倉書房.

Farrell and Saloner [1986] Standardization and Variety, *Economic Letters*, Vol.20, pp.71–74.

F

Ford [1998] *Managing Business Relationship*, John Wiley and Sons.（小宮路雅［2001］『リレーションシップ・マネジメント：ビジネス・マーケットにおける関係性管理と戦略』白桃書房.

Fukuyama [1995] *Trust: The social virtues and the creation of prosperity*, Glencoe, IL, The Free Press.（加藤寛訳［1996］『信なくば立たず』三笠書房.）

G

Galloway and Meek [1981] Audience uses and gratifications: an expectancy demonstration model. *Communication Research*, Vol.8, pp.435-450.

Goldman, Nagel and Preiss [1995] *Agile Competitors and Virtual Organizations*, John Wiley and Sons.（野中郁次郎監訳［1996］『アジル・コンペティション』日本経済新聞社.）

H

濱岡豊・里村卓也［2009］『消費者間の相互作用についての基礎研究：クチコミ，eクチコミを中心に』慶應義塾大学出版会.

箸本健二［2001］『日本の流通システムと情報化：流通空間の構造変容』古今書院.

林周二［1962］『流通革命』中央公論社.

林敏彦［1994］「ネットワーク経済の構造」林敏彦・松浦克己編『テレコミュニケーションの経済学』東洋経済新報社, pp.134-139.

原田保［1997］『デジタル流通戦略』同友館.

日置弘一郎［2002］『市場（いちば）の逆襲：パーソナル・コミュニケーションの復権』人修館書店.

星野克美・シンボルクリエーション［1996］『インターネット時代のマーケティング戦略』プレジデント社

Hawkins, et al. [1995] Standaers, *Innovation and Competitiveness*, Edward Elgar, pp.213-227.

Heide and John [1990] Alliances in Industrial Purchasing. The Determinants of Joint Action in Buyer-Supplier Relationships, *Journal of Marketing Research*, Vol.27, pp.24-36.

Holmstrom [1982] Moral Hazard in Teams, *Bell Journal of Economics*, Vol.13, pp.324-340.

Holmstrom and Tirole [1991] Transfer Pricing and Organizational Form, *Journal of Law, Economics and Organization*, Vol.7, No.2, pp.201-228.

堀越比呂志［2005］『マーケティング・メタリサーチ』千倉書房.

堀越比呂志［2008］「マーケティング研究の行為論的基礎と制度」『三田商学研究』51巻第4号.

I

池尾恭一編［2003］『ネットコミュニティのマーケティング戦略』有斐閣.

井上薫［1994］『現代企業の基礎理論：取引コストアプローチ』千倉書房.

石井淳蔵・小川進［1996］「対話型マーケティング体制に向けて」石原武政・石井淳蔵編『製販統合：変わる日本の商システム』日本経済新聞社.

石井淳蔵・厚美尚武編［2002］『インターネット社会のマーケティング：ネットコミュニティのデザイン』有斐閣.

石原武政［1982］『マーケティング競争の構図』千倉書房.

石原武政［2000］『商業組織の内部編成』千倉書房.

伊藤秀史［2003］『契約の経済理論』有斐閣.

J

情報化の推進によるサプライチェーン・モデル化の調査研究委員会編［2000］『情報化の推進によるサプライチェーン・モデル化の調査研究報告書』財団法人機械振興協会経済研究所.

John and Weitz [1988] Forward Integration into Distribution, An Empirical Test of Transaction Cost Analysis, *Journal of Law, Economics and Organization*, Vol.4, No.2, pp.121-139.

K

片平秀貴［1999］『新版パワー・ブランドの本質：企業とステークホルダーを結合させる「第五の経営資源」』ダイヤモンド社.

片平秀貴・古川一郎・阿部誠［2003］『超顧客主義：顧客を超える経営者たちに学ぶ』東洋経済新報社.

金顕哲［1994］「流通管理論における関係性志向パラダイムに関する研究：関係の形成過程を中心に」『慶應経営論集』第11巻第3号.

栗木契［1996］「マーケティングにおける新製品の普及モデル」『マーケティング・ジャーナル』Vol.56, pp.58-66.

経済産業省編［2002］『競争力強化のための6つの戦略：産業競争力戦略会議中間とりまとめ』経済産業調査会.

経済産業省産業構造審議会情報経済分科会編［2002］『日本的組織の再構築：アンシャンレジューム（旧制度）からの脱却』

小池良次［2001］『第二世代B2B：オープンS2Sに向かう企業情報戦略』インプレス.

厚生労働省監修［2003a］『労働経済白書』日本労働研究機構.

厚生労働省監修［2003b］『厚生労働白書』ぎょうせい.

國領二郎［1999］『オープン・アーキテクチャ戦略：ネットワーク時代の協働モデル』ダイヤモンド社.

國領二郎・田村隆史・森田正隆［1997］「共感が生み出す価値」Niftyネットワークコミュニ

ティ研究会『電縁交響主義』NTT 出版, pp.244–269.

Katz and Shapiro［1985］Network Externalities, Competition, and Compatibility, *American Economic Review*, June, pp.424–440.

Katz and Shapiro［1986］Technology Adoption in the Presence of Network Externalities, *Journal of Policy Economy*, August, pp.822–841.

Katz and Shapiro［1994］Systems Competition and Network Effect, *Journal of Economic Perspective*, Vol.8, Spring.

Kelly and Thibaut［1978］*Interpersonal Relations: A Theory of Interdependence*, New York: John Wiley and Sons.

Klein, Crawford and Alchian［1978］Vertical Integration, Appropiable Rents and the Competitive Contracting Process, *Journal of Law and Economics*, Vol.21, pp.297–326.

Kotler［1975］*Marketing for Nonprofit Organizations*, Prentice-Hall, Inc.（井関利明訳［1991］『非営利組織のマーケティング戦略』第一法規.）

Kotler［1978］*Marketing Management.*（稲川和男ほか訳［1979］『マーケティングマネージメント』東海大学出版会.）

Kreps［1990］*Corporate Culture and Economic Theory, Alt and Shepsle, Perspectives on Positive Political Economy*, Cambridge University Press.（周佐喜和訳［1998］「企業文化と経済理論」土屋守章編『技術革新と経営戦略』日本経済新聞社, pp.253–268.）

L

Lawrence, Corbitt, Tidwell, Fisher and Lawrence［1998］*Internet Commerce Digital Models for Business*, John Wiley and Sons.

Leibenstein［1950］Bandwagon, Snob, and Veblen Effects in the Theory of Consumer's Demand, Quality, *Journal of Economics*, Vol.64, pp.183–207.

Lewis and Weigert［1985］*Trust as a Social Reality, Social Forces*, Vol.63, No.4, pp.967–985.

Lohtia and Krapful［1994］The Impact of Transaction-specific Investments on Buyer-Seller Relationships, *Journal of Business and Industrial Marketing*, Vol.9, No.1, pp.6–16.

Luhmann［1973］*Vertrauen*, Ferdinand Enke Verlag.（大庭健・正村俊之訳［1990］『信頼』勁草書房.）

M

丸山正博［2011］『電子商取引の進展：ネット通販とeビジネス』八千代出版.

松岡輝美・船本秀男［1999］「サプライチェーン・マネジメント構築の4つのステージ」『岡山商大論集』34 巻第 3 号.

松島斉［1994］「過去，現在，未来：繰返しゲームと経済学」岩井克人・伊藤元重編『現代の

経済理論』東京大学出版会, pp.57-102.
松田美佐［1996］「普及初期におけるメディアの噂」『東京大学社会情報研究所紀要』第 52 号.
万仲脩一［1989］「取引費用の経済学」『商大論集』第 40 巻第 16 号.
宮澤健一編［1995］『流通革新と価格革命』日本経済新聞社.
Mallen［1963］A Theory of Retailer-Supplier Conflict, Control, and Cooperation, *Journal of Retailing*, Vol.39, pp.24-32.
Mansell［1995］*Standards, Industrial Policy and Innovation*.
MarkeZine 編集部［2008］『モバイル・マーケティング最前線』翔泳社.
McNair and May［1976］The Evolution of Retail Institutions in the United States, *The Marketing Science Institute*, Cambridge, Mass. U. S. A.（清水猛訳［1982］『"小売の輪"は回る』有斐閣.）
Milgrom and Roberts［1992］*The Economics, Organization and Management*, Prentice Hall.（奥野正寛・伊藤秀史・今井晴雄・西村理・八木甫訳［1997］『組織の経済学』NTT 出版.）

N

中田善啓［1982］『流通システムと取引行動』大阪府立大学経済学部.
中田善啓［1991］『マーケティングと組織間関係』同文舘.
中田善啓［1992］『マーケティングの進化』同文舘.
中谷巌［2000］『e エコノミーの衝撃』東洋経済新報社.
成生達彦［1997］『流通の経済理論：情報・系列・戦略』名古屋大学出版会.
成生達彦［2001］「チャネルの競争優位と製販提携」新宅純二郎・浅羽茂編『競争戦略のダイナミズム』日本経済新聞社.
西口敏宏［2000］『戦略的アウトソーシングの進化』東京大学出版会.
日経広告研究所研究会編［1989］『多価値化社会』日本経済新聞社.
沼上幹［2000］『マーケティング戦略』有斐閣.
野中郁次郎［1979］「生産財マーケティング」村田昭治編『現代のマーケティング』誠文堂新光社.
野中郁次郎［1991］「戦略提携序説：組織間知識創造と対話」『一橋ビジネスレビュー』Vol.38, No.4.
North［2000］Understanding Institutions, Menard, ed.［2000］*Institutions, Contracts and Organizations*, Northampton, M.A., Edward Elgar Publishing, Inc.
NTT データシステム研究所編［2003］『e リテールインパクト』NTT 出版.

O

Ono, A.［2010］"Does Negative e-WOM Affect Consumer Attitude Negatively or Positively?"

Journal of E-Business, 10, September.

小野譲司 [1997]「マーケティングにおける信頼」『マーケティング・ジャーナル』Vol.63, pp.93 - 100.

岡崎好典 [1999]「サプライチェーン・マネジメントに関する基本的考察」『商学研究論集』第 11 号 p.380.

岡田茂・角川春樹 [1977]「映画産業は甦ったか：3者連動マーケティング」『週刊東洋経済』 11 月 12 日号, pp.62 - 69.

小川進 [2000]『ディマンド・チェーン経営』日本経済新聞社.

尾崎久仁博 [1998]『流通パートナーシップ論』中央経済社.

恩蔵直人・及川直彦・藤田明久 [2008]『モバイル・マーケティング』日本経済新聞出版社.

Oren and Smith [1981] Critical Mass Tariff Structure in Electronic Communications Markets, *The Bell Journal of Economics*, Vol.12, pp.67 - 487.

P

Philip and Thomas [2000] *Blown to Bits*, Boston, Mass, Harvard Business School Press.

Porter [1985] *Competitive Advantage*, The Free Press.（土岐坤ほか訳『競争優位の戦略』ダイヤモンド社.）

Porter [2001]（藤川佳則監訳「インターネットでいかに優位性を実現するか：戦略の本質は変わらない」『DIAMOND ハーバードビジネス』5 月号 pp.52 - 77.

R

Ridgeway [1957] Administration of Manufacture-dealer System, *Adnimistrative Science Quarterly*, Vol.1, March, pp.464 - 483.

Rindfleisch and Heide [1997] Transaction Cost Analysis, Past, Present and Future Applications, *Journal of Marketing*, Vol.61, No.4, pp.30 - 54.

Riordan and Williamson [1985] Asset Specificity and Economic Organization, *International Journal of Industrial Organization*, Vol.3, No.4, pp.365 - 378.

Ritchie [1997] Civil Society and the United Nation, *Review of International Cooperation*, Vol.90, No.4, Nathan Cummings Foundation, pp.81 - 83.

Robert [2004] *The Modern Firm: Organizational Design for Performance and Growth*, Oxford University Press.

Rogers [1962] *Diffusion of Innovations*, 4th ed, New York, The Free Press.

Rohlfs [1974] A Theory of Interdependent Demand for a Communication Service, *Bell Journal of Economics*, 4, pp.16 - 37.

Rosenbloom [1999] *Marketing Channels：A Management View*, 6th ed., Dryden Press.

S

酒向真理［1998］「日本のサプライヤー関係における信頼の役割」藤本隆宏・西口敏宏・伊藤秀史編『サプライヤー・システム』有斐閣.

坂本義和［1997］『相対化の時代』岩波新書.

佐久間信夫編［2001］『現代経営用語の基礎知識』学文社.

佐々木宏［2001］『B to B 型組織間関係と IT マネジメント：EDI 採用と普及に関する卸売業者の分析』同文舘.

佐藤肇［1974］『日本の流通機構』有斐閣.

柴田高［2000］「競争枠組みの変容」新宅純二郎・許斐義信・柴田高編『デファクト・スタンダードの本質』有斐閣, pp.157-166.

嶋口充輝［1996］「関係性構築とその条件：インタラクティブ・マーケティングの基礎づくり」矢作恒雄・嶋口充輝ほか編『インタラクティブ・マネージメント：関係性重視の経営』ダイヤモンド社.

嶋口充輝・竹内弘高・片平秀貴・石井淳蔵編［1998］『マーケティング革新時代 4：営業・流通革新』有斐閣.

嶋口充輝・石井淳蔵［1998］『現代マーケティング：新版』有斐閣.

下谷政弘［1993］『日本の系列と企業グループ』有斐閣.

末松千尋［2002］『京様式経営：モジュール化戦略』日本経済新聞社.

椙山泰生［2001］「グローバル化する製品開発の分析視角：知識の粘着性とその克服」『組織科学』第 35 巻第 2 号, pp.81-94.

須藤修・後藤玲子［1995］『電子マネー』ちくま新書.

Shelanski and Klein［1995］Empirical Research in Transaction Cost Economics: A Review and Assessment, *Journal of Law, Economics and Organization*, Vol.11.No.2, pp.335-361.

清水聰・DNP メディアバリュー研究チーム［2007］『コミュニケーション型生活者を探せ』日経 BP 企画.

進藤美希［2009］『インターネットマーケティング』白桃書房.

Spence［1975］The Economics of Internal Organization: An Introduction. *The Bell Jounal of Economics*, Vol.6. No.1. Spring. pp.163-172.

Stern［1967］The Concept of Channel Control, *Journal of Retailing*, Vol.43, pp.14-20.

Stern and Reve［1980］Distribution Channels as Political Economies: A Framework for Comparative Analysis, *Journal of Marketing*, Vol.44, Summer, pp.52-64.

Stern and El-Ansary［1992］*Marketing Channels*, 4th ed., Prince-Hall, Inc.

Sriram, Krapfel and Spekman［1992］Antecedents Buyer-Seller Cokkaboration: An Analysis Form the Buy Perspective, *Journal of Business Research*, Vol.25, pp.303-310.

Strauss and Frost［1999］*Marketing on the Internet: Principles of Online Marketing*,

Prentice-Hall, Inc.

Shaw［1997］*Trust in the Balance*, Jossey-Bass Inc.（上田惇生訳［1998］『信頼の経営』ダイヤモンド社.）

T

高橋郁夫［2008］『消費者購買行動—小売マーケティングへの写像』千倉書房.

高嶋克義［1994］『マーケティング・チャネル組織論』千倉書房.

田坂広志［1996］「エレクトロニック・マーケティングの本質と実践」DIAMONDハーバードビジネス編集部『電子商取引のマーケティング戦略：デジタルパワーを活用した新市場開拓とCSの向上』ダイヤモンド社, pp.45-68.

田村正紀［1971］『マーケティング行動体系論』千倉書房.

田村正紀［2000］「IT導入が儲けにつながらない理由」『プレジデント』10月号.

崔相鐵［1995］「流通における信頼概念の意義」『マーケティング・ジャーナル』Vol.14, No.4, pp.18-28.

通商産業大臣官房調査統計部編［1998］『我が国産業の現状』通商産業調査会.

通商産業省産業政策局編［1994］『21世紀の産業構造』通商産業調査会.

通商産業省産業政策局編［1990］『2000年の産業構造：経済効率重視を超えた産業政策の展望』通商産業調査会.

津曲正俊［2002］『契約と組織の理論』三菱経済研究所.

陶山計介［1993］『マーケティング戦略と需給斉合』中央経済社.

富ани貴弘［2000］「電機企業におけるフレキシブル生産の追及」『商学論集』第34巻第2号.

Tapscott［1996］*The Digital Economy: Promise and Peril in the Age of Networked Intelligence*, Mc Graw-Hill.

Toffler［1960］*The Third Web*, New York, William Morrow.（徳岡孝夫訳［1982］『第3の波』中央公論社.）

U

上原征彦［1999］『マーケティング戦略論』有斐閣.

上原征彦［2002］「情報化とマーケティングの進化」『Journal of the Japan Society for Management Information』Vol.11, No3. Dec: 5-15.

宇野政雄・AGF流通アカデミー研究会［1994］『共生時代の戦略的アライアンス：流通業とメーカーのニュー・リレーションシップ』誠文堂新光社.

W

渡辺達朗［1997］『流通チャネル関係の動態分析』千倉書房.

Webster [1992] The Changing Role of Marketing in the Corporation, *Journal of Marketing*, Vol.56, pp.1 - 17.

Weibull [1995] *Evolutionary Game Theory*, The MIT Press.

Williamson [1975] Markets and Hierarchies: Analysis and Antitrust Implications, *A Study in the Economics of Internal Organization*. (浅沼万里・岩崎晃訳 [1980]『市場と企業組織』日本評論社.)

Williamson [1985] *The Economic Institutions of Capitalism*, New York Free Press.

Williamson [1986] *Economic Organization*, Wheatsheaf Books. (井上薫・中田善啓監訳 [1989]『エコノミック・オーガニゼーション：取引コストパラダイムの展開』晃洋書房.)

Williamson [1999] Strategy Research：Governance and Competence Perspectives, *Strategic Management Journal*, Vol.20, pp.1087 - 1108.

Williamson [2000] The New Institutional Economics: Taking Stock and Looking Ahead, *Journal of Economic Literature*, Vol.38, No.3, pp.595 - 613.

Y

矢作敏行 [1994]『コンビニエンス・ストア・システムの革新性』日本経済新聞社.

矢作敏行 [1997]『現代流通：理論とケースで学ぶ』有斐閣.

山岸俊男 [1998]『信頼の構造：こころと社会の進化ゲーム』東京大学出版会.

山下隆弘 [1997]『情報化時代のマーケティング』大学教育出版.

余田拓郎 [2000]『カスタマー・リレーションの戦略論理』白桃書房.

索　引

B to B　　30
B to C　　25, 31
CS　　38
C to C　　25
de fact standard　　35, 102
ECR　　128, 131
ESP　　131, 132
Facebook　　18, 36
Google+　　18
ICT　　9, 11, 17, 91, 143
JIT　　132, 145
Linux　　15, 138
My Space　　18
NPO　　123, 134, 136, 138, 145, 148
OEM　　89, 138, 148
One to One マーケティング　　32, 33, 120, 147
POS　　131, 132
QR　　128, 131
SCM　　128
SNS　　27
TC　　43, 47, 50
You Tube　　18

あ

相手先ブランド製造　→　OEM
e コミュニティ　　32
インターネットオークション　　29
インタラクティブ・マーケティング　　15, 70
インフルエンサー　　28
オプトイン・マーケティング　　32

か

カスタマー・インティマシー　　38
関係資産特殊性　　56
関係性パラダイム　　89, 144
関係性マーケティング　　15, 70
機会主義的行動　　53, 84, 88, 144
規模の経済性　　14, 74
逆オークション　　148
供給連鎖　　128
供給連鎖管理　→　SCM
競争　　70, 95
協力　　70
クチコミ　　118, 135
クラウド　　18
クリティカル・マス　　101
ケイパビリティ　　65
ゲーム理論　　84
限定された合理性　　52
コア・コンピタンス　　74
広告　　130
効率的消費者対応　→　ECR
顧客起点　　134
顧客共創連鎖　　133, 137
顧客進化　　138
コーズ・リレーテッド・マーケティング　　139
コンタクトポイント　　33, 34
コンピタンス　　139

さ

サプライチェーン・マネジメント　→　SCM

事実上の標準　35
市場の失敗　51
システム転換　123
ジャスト・イン・タイム　→　JIT
消費者生成メディア　18
情報の非対称性　96, 135
信頼　81, 88, 144
垂直的統合　9, 42, 50, 144
ステルスマーケティング　28
スマートフォン　18
生産者的顧客　134
政治経済アプローチ　73
製販同盟　41
製品差別化　62
セグメント・マーケティング　120, 147
全体最適化　145
戦略的提携　41, 70, 73, 144
ソーシャル革命　18
ソーシャル・ネットワーキング　32

　　　　　　　た

対市場活動　61, 63, 90
ダイレクト・マーケティング　32
タブレット端末　18
チャネル間競争　99, 115, 117, 119
チャネル交渉論　72
チャネル構成者の組換え　123
中間組織　66, 69
中間流通業者排除論　29
長期継続　89
電子商取引　28, 146, 148
電子マネー　29, 143
トラックバック・ネットワーク　32
取引費用　→　TC
取引費用パラダイム　42, 50, 144

　　　　　　　な

中抜き　30, 31, 32

ニコニコ動画　18
ネットオークション　148
ネットワーク外部性　96, 99, 108
ネットワークの経済性　14, 79
納期短縮　→　QR

　　　　　　　は

パーミッションマーケティング　38
パワー・コンフリクト論　71
範囲の経済性　14, 76
販売時点管理　→　POS
複数チャネル間　111
部分最適化　145
ブランド　62
ブログ　32
プロシューマー　134
ホールドアップ　60, 66

　　　　　　　ま

マーケティング　32, 33
マス・マーケティング　120, 147
民間非営利組織　→　NPO
メーカー起点　134

　　　　　　　や

4 P　146

　　　　　　　ら

リコメンド・マーケティング　32
リナックス　15, 138
流通革命　28, 29
流通系列化　61
流通システムモデル　124
流通チャネル　10, 30
流通チャネルの再編成　123

［著者紹介］

大驛 潤（おおえき じゅん）　　　経済学博士

東京大学大学院博士後期課程単位取得。
東京大学文部教官助手，東京理科大学理工学部助教授，
九州大学大学院特任准教授，スタンフォード大学大学院
客員准教授を経て，
現在，東京理科大学経営学部・大学院経営学研究科准教授。

マーケティング・マネジメント論 ―ICTと流通―

2012年3月31日　第1版第1刷発行

著者　大驛　潤 ©

| 発行者 | 田中 千津子 | 〒153-0064　東京都目黒区下目黒3-6-1 電話　03（3715）1501（代） |
| 発行所 | 株式会社 学文社 | FAX　03（3715）2012 http://www.gakubunsha.com |

乱丁・落丁の場合は本社でお取替えします。　　印刷所　新灯印刷
定価は売上カード，カバーに表示。　　　　　　製本所　小泉企画

ISBN978-4-7620-2276-0